船用发动机润滑油的应用

杨慧青　曾向明　俞巧珍
谭亲明　金国平　杨智远　编　著

詹玉龙　主审

上海浦江教育出版社

图书在版编目(CIP)数据

船用发动机润滑油的应用 / 杨慧青等编著. —上海: 上海浦江教育出版社, 2011.12

ISBN 978-7-81121-203-7

Ⅰ. ①船… Ⅱ. ①杨… Ⅲ. ①舰船发动机—发动机润滑油—应用 Ⅳ. ①U664.1②TE626.3

中国版本图书馆 CIP 数据核字(2011)第 227720 号

上海浦江教育出版社出版

地址: 上海市海港大道 1550 号上海海事大学校内　邮编: 201306

电话: 021-38284900　传真: 021-38284916

上海豪杰印刷有限公司印刷　上海浦江教育出版社发行

2011 年 12 月第 1 版　2011 年 12 月第 1 次印刷

幅面尺寸: 140 mm × 203 mm　印张: 5.25　字数: 165 千字

责任编辑: 谢尘　封面设计: 赵宏义

ISBN 978-7-81121-203-7　定价: 30.00 元

前　言

21世纪，我国航运业和造船业得到迅猛发展。根据《船舶产业调整振兴规划》，到2011年我国造船产量达到5 000万吨。远洋和近海船舶运输量的剧增，使得船用润滑油对于确保船舶设备可靠运行的重要性日显突出。船舶发动机因其工作条件苛刻，且大多使用高硫劣质燃料油，对其匹配使用的润滑油有着特殊要求。

目前一些专业论著偏重于船舶机械构造或船用润滑油知识介绍，没有将润滑油作为船舶机械系统一个重要的组成部分统一考虑。本书将船舶发动机与润滑油知识结合起来，由船舶发动机构造到润滑系统进行介绍，再通过对船用发动机油应用、船用油检测技术及润滑案例进行描述，形成一条相关技术链。旨在为船舶轮机专业的学生、船舶轮机管理人员、相关机务管理人员以及油品供应人员等提供船用润滑油，尤其是船用发动机油的基本作用、选用原则以及润滑油使用管理方面的知识并提供帮助。

在本书的编写过程中，中国石化润滑油公司相关技术人员提供了大量数据支持，上海海事大学商船学院的许多老师也提供了大量帮助和指导，在此表示诚挚的感谢！

由于编者水平有限，书中难免存在一些不足和误漏之处，欢迎同行批评指正。

编　者

2011年12月

目　录

第一章　船用发动机的类型和润滑

第一节　船用发动机的类型

1807年,美国人富尔顿制成世界上第一艘用明轮推进的蒸汽机船“克莱蒙特”号,并在美国哈德逊河上试航成功。“克莱蒙特”号以6.4 km/h的速度航行91.4 km,开创了人类航海史上的新时代。以动力机械驱动的船舶取代依靠风帆、人力航行的船舶,为人们带来了运输上的便利,但动力机械离不开润滑油,没有良好的润滑油,机械设备的故障率会急剧上升,其工作寿命也会大大缩短。本书结合船舶动力机械的特点,介绍船舶发动机润滑油的使用和管理方面的知识。

一、蒸汽机动力装置

早期的轮船都采用蒸汽机作为动力机械。蒸汽机是将蒸汽的能量转换为机械功的往复式动力机械,它的出现引发了18世纪的工业革命。直到20世纪初,蒸汽机仍是世界上最重要的原动机,直至内燃机和汽轮机等出现才逐渐让位。

简单蒸汽机主要由汽缸、底座、活塞、曲柄连杆机构、滑阀配汽机构、调速机构和飞轮等部分组成,汽缸和底座是静止部分,见图1-1。从锅炉来的蒸汽,经主汽阀和节流阀进入滑阀室,受滑阀控制交替地进入汽缸的左侧或右侧,推动活塞运动。蒸汽机按蒸汽在活塞一侧或两侧工作,可分为单作用式和双作用式蒸汽机。

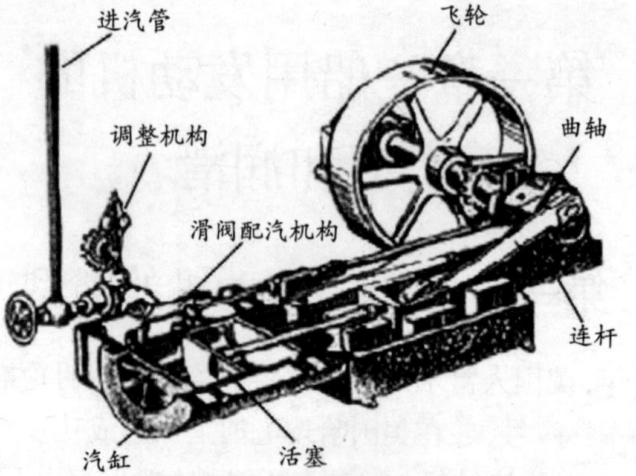

图 1-1 蒸汽机结构

蒸汽机的发展首先体现在功率和效率的提高上，而这又主要取决于各蒸汽参数值的提高。初期蒸汽机的蒸汽压力仅为 0.11~0.13 MPa，19 世纪初才达到 0.35~0.7 MPa，而 20 世纪 20 年代曾到 6~10 MPa。在蒸汽温度方面，19 世纪末还未超过 250℃，而 20 世纪 30 年代曾达到 450~480℃。在转速方面，18 世纪末瓦特蒸汽机的转速仅为 40~50 r/min，20 世纪初转速达到 100~300 r/min，个别蒸汽机曾达到 2 500 r/min。在功率方面，最初单机功率仅几千瓦，而 20 世纪初的一台船用蒸汽机的功率可达 18.4 MW。

在瓦特时代初期，连续运转的蒸汽机，按燃料热值计，其总效率不超过 3%；到 1840 年，最好的凝汽式蒸汽机总效率可达 8%。根据卡诺定律，要想提高蒸汽机的热效率，必须提高蒸汽的温度和压力，但随着各蒸汽参数值和蒸汽机功率的提高，蒸汽已不可能在一个汽缸中继续膨胀，还必须在相连接的汽缸中继续膨胀，于是出现多级膨胀的蒸汽机。蒸汽机因受到润滑油闪点的限制，所用蒸汽的最高温度一般不超过 400℃，机车、船用等移动式蒸汽机的蒸汽温度还略低一些，多数不高于 350℃。考虑到膨胀的可能性和结构的经济性，常用压力在 2.5 MPa 以下。蒸汽参数受到限制，从而也限制蒸汽机功率的进一步提高。到 20 世纪，蒸汽机最高效率为

20%以上，相比同时代的柴油机要低很多（柴油机最高可达 56%），因此蒸汽机动力装置很快被柴油机动力装置取代，至今仍然存在的船用蒸汽发动机基本上都是蒸汽轮机。

二、蒸汽轮机动力装置

利用蒸汽使叶轮转动的机器叫蒸汽轮机，由英国的查尔斯于 1884 年首先制造出来。蒸汽轮机利用从锅炉来的高温高压蒸汽，通过蒸汽喷嘴喷出，冲击汽轮机的叶片，带动机轴一起转动，见图 1-2。蒸汽轮机具有很高的转速和很大的功率，热效率为 25%~30%，主要用在大型火力发电厂和核电站中。

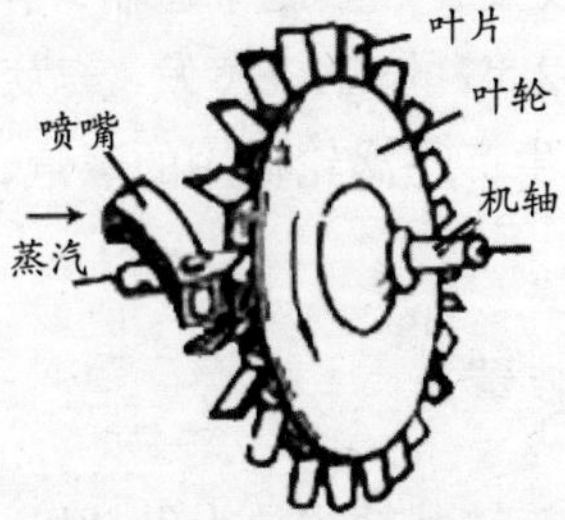

图 1-2 蒸汽轮机原理

蒸汽轮机主要由一个中央很厚的钢盘和钢盘外沿弧形叶片组成，当蒸汽喷射到叶片上时，轮机就转动起来，而且蒸汽速度越快，轮机转动得也越快。当气体从高压空间流向低压空间时，压强差越大，流动的速度越快。因此，在蒸汽轮机里由水管式锅炉过热管送来的过热蒸汽从喷嘴喷出时，体积急剧膨胀，同时压强降低、速度增快，这样的蒸汽具有很大的动能，即蒸汽的内能在喷嘴中转变为蒸汽的动能。当蒸汽喷射到叶片上时，它的动能又转变为机轴旋转的机械能。

与蒸汽机相比，在同样功率下，蒸汽轮机重量轻、体积小，不需要用曲柄和飞轮等机械装置将往复运动转变为回转运动，因此蒸汽轮机运转时转动均匀,几乎没有振动,其转速可达 3 000 r/min。它的缺点是只能沿一个方向转动,一般不能开倒车,且必须与高压锅炉配套使用,故蒸汽轮机的使用受到一定限制,只能用在发电厂或巨型舰艇上。

蒸汽轮机的热效率比蒸汽机高,可达 30%左右,而且回转运动比往复运动的平稳性好,也比较容易进行高效润滑,因而可靠性也较高。但因经济原因,在普通船舶上使用蒸汽轮机推进装置仍然受到限制(相比柴油机,其燃油消耗率太高)。除仍在营运的燃重油和燃煤蒸汽船外,液化天然气(Liquefied Natural Gas,LNG)船是目前唯一专门使用蒸汽轮机推进的船型。这是因为在 LNG 船上,LNG 以−163℃的温度装在隔热舱中运输,尽管高效隔热,但仍不可避免每天有 0.1%~2.5%的 LNG 蒸发,蒸发的 LNG 可作为双燃料主锅炉的燃料用以生产主涡轮机用的蒸汽,为船舶提供所需的推进功率。

三、燃气轮机动力装置

燃气轮机是一种旋转叶轮式热力发动机,以连续流动的气体为工质带动叶轮高速旋转,从而将燃料的能量转变为有用功的内燃式动力机械。中国在 12 世纪的南宋高宗年间就对走马灯有所记载,它实质上是涡轮机(透平)的雏形;15 世纪末,意大利人列奥纳多·达芬奇设计出烟气转动装置,其原理与走马灯相同;至 17 世纪中叶,透平原理在欧洲得到较多应用。

现代燃气轮机由压气机(压缩机)、燃烧室和燃气涡轮等组成,见图 1-3。当燃气轮机工作时,压气机从大气中连续地吸入空气并将其压缩;压缩后的空气进入燃烧室,与喷入的燃料混合后燃烧成为高温燃气,随即流入燃气涡轮中膨胀做功,推动涡轮叶轮带着压气机叶轮一起旋转;加热后的高温燃气做功能力显著提高,因而燃气涡轮在带动压气机的同时,尚有余功作为燃气轮机的输出功率。

燃气轮机由静止启动时，需用启动电动机驱动旋转，待加速到能独立运行后，启动电动机才脱开。

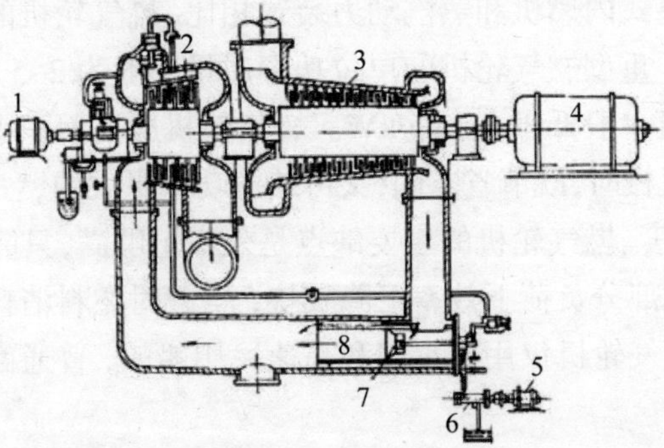

1—启动电动机；2—燃气轮机；3—轴流式压气机；4—发电机；
5—带动燃油泵的电动机；6—燃油泵；7—射油器；8—燃烧室

图 1-3 燃气轮机结构及工作原理

燃气初温和压气机的压缩比是影响燃气轮机效率的 2 个主要因素，提高燃气初温并相应提高压缩比，可使燃气轮机效率显著提高。20 世纪 70 年代末，压缩比最高达到 31；工业和船用燃气轮机的燃气初温最高达 1 200℃左右，航空燃气轮机的燃气初温超过 1 350℃。

燃烧室和涡轮不仅工作温度高，还要承受在燃气轮机启动和停机时因温度剧烈变化引起的热冲击，工作条件恶劣，故它们是决定燃气轮机寿命的关键部件。为确保有足够的寿命，这两大部件中工作条件最恶劣的零件如火焰筒和叶片等，须用镍基和钴基合金等耐高温材料制造，同时还须用空气冷却来降低零件温度。

除主要部件外，一台燃气轮机还必须有完善的调节保安系统，需要配备良好的附属系统和设备，包括启动装置、燃料系统、润滑系统、空气滤清器、进气和排气消声器等。

燃气轮机分重型和轻型 2 类。重型的零件较为厚重，大修周期长，寿命可达 10 万 h 以上；轻型的结构紧凑、质量轻，所用材料一般较好，其中以航空发动机的结构最紧凑、质量最轻，但寿命较短。

与活塞式内燃机和蒸汽动力装置相比，燃气轮机的主要优点是小而轻。重型燃气轮机的单位功率质量一般为2~5 kg/kW，而航空发动机一般低于0.2 kg/kW。燃气轮机所占面积小，用于车、船等运输机械时，既节省空间，又可装备功率更大的燃气轮机以提高车、船速度。燃气轮机的主要缺点是效率不够高，只能达到30%左右，且在部分负荷下效率下降较快，空载时燃料消耗量高。因此，目前燃气轮机仅用于军舰和高速民用船舶，普通商船很少使用。

四、柴油机动力装置

柴油机是以柴油为燃料通过压缩点火燃烧的内燃机，由于其热效率能达到50%以上，经济性比较好，目前绝大多数的商船都选用柴油机作为船舶的推进装置。在柴油机中要完成2次能量转换，首先使柴油在有充足空气的条件下进入柴油机燃烧，而柴油是在高温高压下发火燃烧的，所以柴油机中的空气要达到足够高的温度，可通过压缩空气实现，因此柴油机也称为压燃式内燃机。

柴油燃烧后释放出大量热量，使燃气的温度和压力剧增，因此具有很强的膨胀做功能力，通常把这种有做功能力的高温燃气物质称为工质。工质在柴油机中膨胀，通过推动活塞做功，最终膨胀结束失去做功能力，成为废气。为让新鲜空气能再次进入柴油机中使其恢复做功能力，就要将废气排出。

柴油机要使柴油在其中燃烧做功，并能连续不断地工作，需要有进气、压缩、燃烧、膨胀和排气等5个过程，这5个过程即为柴油机的1个基本工作循环。5个工作过程既可以在4个活塞冲程（1个冲程为活塞上行或下行1次）中完成，又可以在2个冲程中完成，因此，柴油机可分为四冲程柴油机和二冲程柴油机。

(一)四冲程柴油机

1. 基本结构

四冲程柴油机的基本结构见图 1-4。气缸盖上装有进气阀、排气阀和喷油器等,气缸中的活塞通过连杆与曲轴相连。

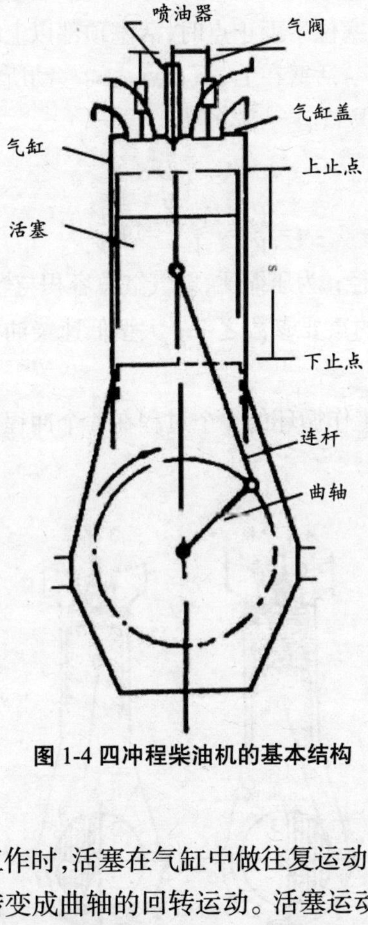

图 1-4 四冲程柴油机的基本结构

2. 工作原理

当柴油机工作时,活塞在气缸中做往复运动,通过曲柄连杆机构将这个运动转变成曲轴的回转运动。活塞运动时到达的气缸最上位置称为上止点,而到达的气缸最下位置称为下止点。活塞从上止点运动到下止点或从下止点运动到上止点称为 1 个冲程,冲程的长度就是上止点与下止点之间的距离，一般用 S 表示。曲轴每转 1 圈，活塞完成 2 个冲程。四冲程柴油机是指柴油机的 1 个基本工作循环由 4 个冲程完成，即曲轴转 2 圈。如果曲柄半径用 R 表示，则 $S=2R$。

当活塞位于上止点时，活塞顶部与气缸盖之间的容积称为燃烧室容积 V_c；当活塞位于下止点时，活塞顶部以上的全部气缸容积称为气缸总容积 V_a；活塞在上、下止点之间移动所扫过的气缸容积称为气缸工作容积 V_s。

$$V_s=\frac{\pi}{4}D^2S$$

$$\varepsilon=\frac{V_a}{V_c}=\frac{V_s+V_c}{V_c}=1+\frac{V_s}{V_c}$$

式中：D 为气缸直径；ε 为压缩比，即气缸总容积与燃烧室容积之比。压缩比是柴油机的重要参数之一，大型低速柴油机的压缩比一般为 11~13。

柴油机基本工作循环的 5 个过程在 4 个冲程中的进行情况见图 1-5。

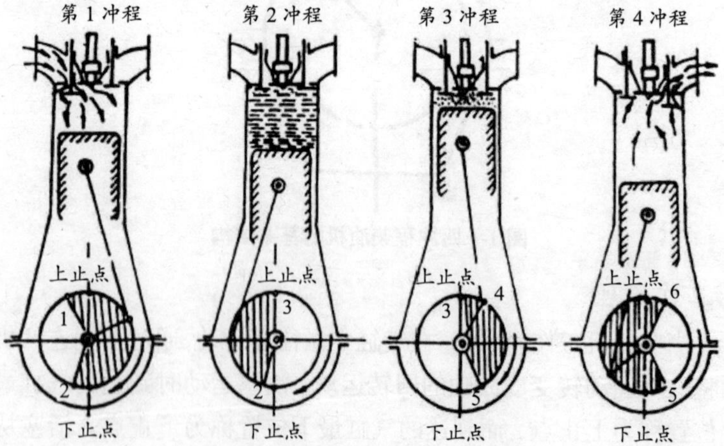

图 1-5 四冲程柴油机的工作原理

(1)第1冲程——进气冲程。活塞从上止点下行,进气阀打开,由于气缸容积逐渐增大,缸内压力降低,新鲜空气通过进气阀被吸入气缸。进气阀一般在活塞到达上止点之前已经提前打开,其开启时刻用曲柄位置表示。进气阀开启后,直到活塞运行到下止点后才关闭。

(2)第2冲程——压缩冲程。空气的压缩过程从活塞由下止点向上运动后进气阀关闭到活塞到达上止点为止。进气冲程吸入的新鲜空气经过压缩后,压力升到3~6 MPa,温度达到600~700℃。燃油的自燃发火温度一般为210~270℃,燃油在压缩后期(活塞到达上止点前)通过喷油器喷入气缸,与空气混合并在高温下自燃发火燃烧。这个冲程包括进气的延时、空气压缩、燃油的喷入、燃油空气混合以及发火燃烧过程等。

(3)第3冲程——膨胀冲程。这个冲程是燃烧的主要阶段。燃油在燃烧时,气缸内的压力和温度急剧升高,压力达到5~8 MPa,温度达到1 400~1 800℃,甚至更高。在燃气压力的作用下活塞被推向下行,由于气缸容积不断增大,压力开始降低,在上止点后的某一时刻,燃烧基本结束。气缸中的压力和温度随着燃气的膨胀继续下降,直到排气阀开启,膨胀结束。这时燃气压力降至2.5~4.5 MPa,温度降至600~700℃。在这个冲程中,排气阀在活塞运行到下止点前就已经打开,即膨胀冲程在下止点前就已经结束。

(4)第4冲程——排气冲程。在膨胀冲程末期,排气阀开启,废气通过排气阀排出,气缸内的压力和温度迅速下降。这时活塞仍在下行,废气靠气缸内外的压差排出气缸。活塞由下止点上行后,废气靠活塞推出气缸,这时的排气过程是在高于大气压力并且压力基本保持不变的情况下进行的。排气阀一直到活塞到达上止点后才关闭。

经过上述4个冲程,柴油机完成1个工作循环。当活塞继续运动时,又开始新的循环。四冲程柴油机的每个工作循环都要通过曲轴转2圈来完成,其中,只有第3冲程做功,在该冲程中,完成燃油从化学能转变为热能，又从热能转变为机械能的2次能量转换；其他3个冲程都为这个工作冲程服务，且都需要供给能量以保证活塞的正常运行。所以，柴油机一般要做成多缸，这样进气、压缩和排气冲程的能量可由其他正在工作的气缸供给。但如果是单缸的柴油机，就要通过飞轮在工作冲程时储存部分能量来供给其他3个冲程。

3. 气阀正时

四冲程柴油机的进气阀和排气阀的启闭都不在上、下止点的时刻，而在上、下止点的前后某个时刻，由它们开启时间得到的角度都大于180°曲柄转角。这种进排气阀在上、下止点前后的启闭时刻叫做气阀正时，用曲柄转角表示气阀正时的圆图称为气阀正时圆图。如图1-6所示，进气阀在上止点前1点打开，在下止点后2点关闭；排气阀在下止点前3点开启，在上止点后4点关闭。φ_1为进气阀提前开启角，φ_2为进气阀延后关闭角，它们对应的是进气过程；φ_3为排气阀提前开启角，φ_4为排气阀延后关闭角，它们对应的是排气过程。

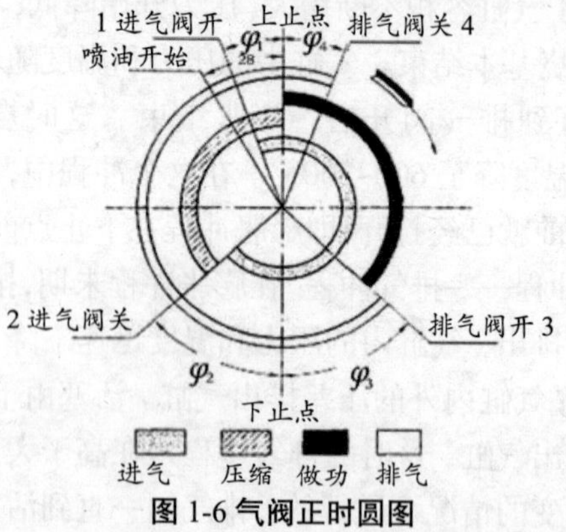

图1-6 气阀正时圆图

进气阀的提前开启，可以减少气阀和空气惯性对进气时刻的影响，使进气在上止点附近就开始进行，且进气充分；延后关闭，则能利用气流惯性吸入更多空气。排气阀的提前开启，可以减小排气阻力，使活塞上行排气时减少排气功耗；而延迟关闭，同样是利用排气的惯性更好地将气排干净。进气阀和排气阀在上止点前后的一段时间内同时开启，这个同时开启的曲柄转角称为气阀重叠角，即图 1-6 中的$\varphi_1+\varphi_4$。选择合适的气阀重叠角，不会使排气倒灌，反而有助于排出废气和充入空气。

(二)二冲程柴油机

1. 工作原理

二冲程柴油机需要将柴油机的 5 个过程在 2 个冲程内完成。这 5 个过程中，燃烧和膨胀做功的冲程必不可少，压缩以满足燃油自行发火燃烧的过程也非有不可，而进气和排气是燃烧和做功的辅助过程，只要能在很短的时间内完成，就可在 2 个冲程内完成 1 个工作循环。

四冲程柴油机的进气是由于活塞下行，气缸内压力降低，空气被吸入气缸而完成的。没有这个冲程的二冲程柴油机，需要提高空气压力才能使空气进入气缸，因此，二冲程柴油机在进气系统设置扫气泵或鼓风机满足提高进气压力的要求；排气也需要由进气清扫才能彻底排除。进气和排气这 2 个过程只能在活塞位于下止点附近时完成，二冲程柴油机的工作原理见图 1-7。

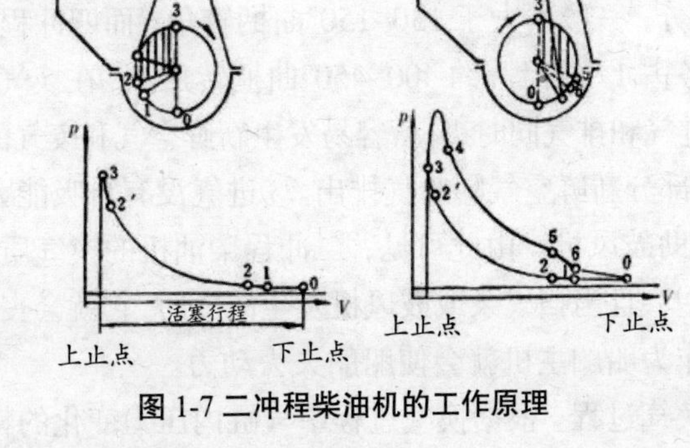

图 1-7 二冲程柴油机的工作原理

(1)换气—压缩冲程。活塞由下止点向上运行,在活塞遮挡住进气口前,空气由进气口进入气缸,同时将废气从排气口扫出气缸;当活塞上行到将进气口全部遮住后,进气结束,开始压缩;当活塞上行到上止点某一时刻时,喷油器喷入柴油与高温高压空气混合后发火燃烧。

(2)膨胀—换气冲程。该冲程初期是继续燃烧阶段,活塞在由上止点下行的过程中燃烧结束,高温高压燃气膨胀推动活塞下行做功。当活塞下行到排气口打开时,仍然处于高温高压状态的燃气经排气口高速排出,气缸内压力随之降低。当活塞继续下行到进气口打开时,气缸内压力已下降到接近扫气压力,新鲜空气由进气口充入气缸,同时也进一步将废气从排气口排出。这个过程一直延续到下一个冲程。从活塞下行打开进气口到活塞上行遮住进气口的这段时间,称为扫气过程。

与四冲程柴油机相比,二冲.程柴油机的1个工作循环只有2个冲程,即曲轴只转1圈。因此在结构尺寸和转速相同的情况下,二冲程柴油机的功率是四冲程柴油机的2倍,但由于换气等因素的影响,其活塞有效行程减少,实际功率一般为四冲程柴油机的1.6~1.8倍。

2. 二冲程柴油机的换气

(1)换气过程的特点。①二冲程柴油机的换气过程只占活塞冲程的一部分,一般不大于130~150°曲柄转角;而四冲程柴油机的进、排气各占1个冲程,约400~450°曲柄转角。②在换气的大部分时间内,进气和排气同时进行,容易发生新鲜空气和废气的掺混,同时也会使部分新鲜空气随废气排出。③进气没有自吸能力,要靠扫气泵或辅助鼓风机。由此可见,二冲程柴油机的换气质量比四冲程柴油机差,且当扫气泵或鼓风机发生故障时,它就会丧失工作能力,如果作为船舶主机就会使船舶失去动力。

(2)换气过程。根据换气过程中气缸内压力变化的特点,将整个换气过程分为 3 个阶段,并用气缸内压力P随曲柄转角φ变化的曲线进行分析,见图 1-8。

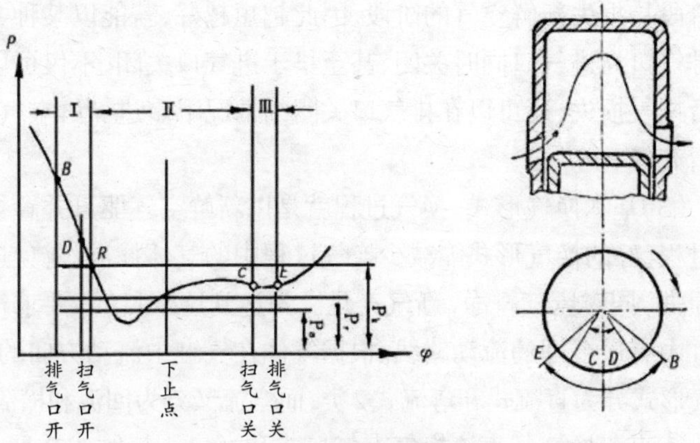

图 1-8 二冲程柴油机换气过程

①自由排气阶段。在膨胀冲程的末期，下行的活塞首先打开排气口,废气依靠自身的压力从排气口排出,直到进气口打开到一定程度并开始进气为止。在这个阶段，气缸内的废气借助缸内与排气管中的压力差经开着的排气口高速排到排气管中，气缸内的压力也随之急剧降低。当活塞下行到打开进气口时，气缸内的压力仍然稍高于进气压力,这时废气还不会经进气口倒流进扫气箱;但如果缸内压力超过扫气压力过多,就可能发生废气倒冲现象,甚至引起扫气箱着火。

②强制排气和扫气阶段，从进气开始到活塞经下止点转向上行遮住进气口为止。在这个阶段的初期,由于排气口全开,而进气口开得较小,废气借助惯性仍然继续流出气缸,因此缸内压力继续急剧下降甚至呈真空状态。此后,进气口逐渐开大,扫气空气大量进入气缸并将废气强制排出。由于新鲜空气的进入，气缸内的压力逐渐升高。在这个阶段,新鲜空气和废气会掺混,并有部分新鲜空气从排气口排出。

③过后排气阶段，从进气口关闭到排气口关闭为止。在这个

阶段，活塞经下止点上行，首先关闭进气口，此时，气缸中的部分新鲜空气经仍然开着的排气口进入排气管，直到排气口被关闭为止。该阶段是损失新鲜空气的阶段，因此越短越好，若能以某种方式控制排气口与进气口同时关闭，甚至早于进气口关闭，不仅可以避免过后排气损失，还可以在排气口关闭的情况下多进新鲜空气，实现过后充气。

(3)基本换气形式。换气过程就是以新鲜空气驱赶并置换废气的过程，好的换气形式能减少换气过程中的气体掺混，避免过后排气损失，同时废气排净，新气充足。为达到这个目的，要求气体在气缸中有最合理的流动路线。根据气体在气缸中流动方向的不同，换气形式分为直流式和弯流式2类，而弯流又分为回流和横流2种。

①直流换气。直流换气有气口式和气口—气阀式2种，目前基本采用气口—气阀式，其在气缸盖上设排气阀机构，在气缸套的下部均布一圈扫气口，见图1-9。在活塞下行打开扫气口前，先通过排气阀传动机构把排气阀打开，气缸中的废气经排气阀自由排出，使缸内压力下降到可以扫气；随后，扫气口开启，新鲜空气从扫气箱中经扫气口进入气缸下部进行扫气，并强迫废气由下而上经排气阀排出气缸。气体在气缸中的流动方向为由下而上的直线流动，称为直流扫气。扫气口在气缸的水平面内具有一定的倾斜角度，使空气回旋地进入气缸，可以形成气垫而向上运动，隔开新气与废气。使用直流换气方式，废气和新气很少掺混，换气质量好；通过调整气阀的启闭正时，可以避免过后排气，实现过后充气；另外，气缸下方受热均匀，不易变形；其缺点是排气阀机构比较复杂，维护管理麻烦。随着大型柴油机技术的发展，直流式的换气质量优势越来越明显，同时气阀机构的完善，使得这种换气方式已经成为现代柴油机的主流。

②横流换气。横流换气的进气和排气都由气缸下部的扫气口和排气口进行。排气口位于扫气口上方，分布在气缸两侧，见图

1-10。

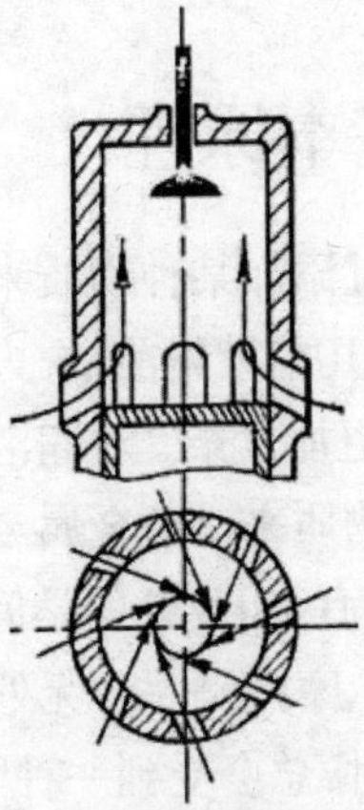

图 1-9 直流换气

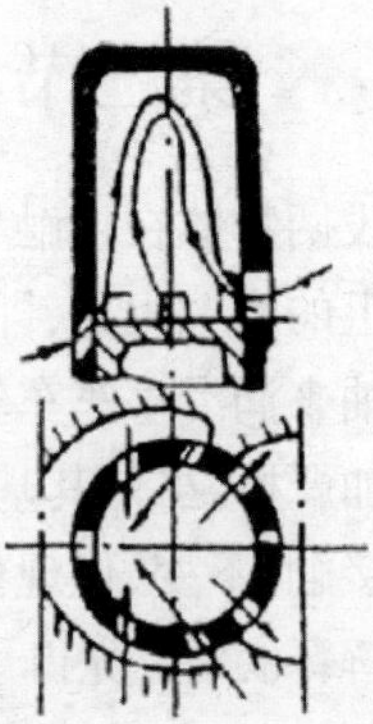

图 1-10 横流换气

除以上 2 种换气方式外,还可采用回流换气,其扫气口和排气口位于气缸下部的同一侧。

第二节 润滑的基本原理

假设两物体在接触界面上滑动，通过添加某种物质来降低接触界面上的摩擦阻力，即称为润滑。早在几个世纪前，农夫便知道用脂肪油来润滑牛车车轴。现代的机器更加复杂，对润滑剂的要求也更加严格，虽然其基本原理（以液状物质来避免金属与金属之间直接接触）不变，但现代润滑技术已成为一门复杂的学问。

要解释润滑，先得了解什么是摩擦。摩擦是一种无处不在的物理现象。当一个物体滑过另一个物体时，总会受到一种阻力，这种阻力即为摩擦力，见图 1-11。如果相互摩擦的物体都为固体，则称这种摩擦为固体摩擦；若一方或者双方都为液体，则称为液体摩擦。通常液体摩擦力小于固体摩擦力，如在湖面上拖动小船要比在沙滩上轻松得多。因此，将固体摩擦全部或部分转变成液体摩擦，可达到减小阻力的效果。

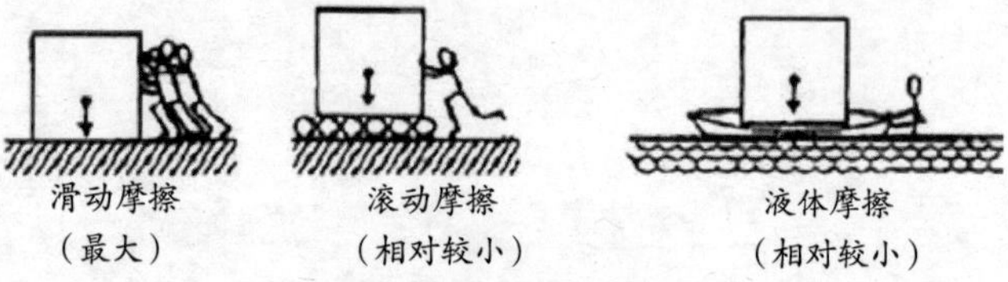

图 1-11 几种不同的摩擦

所有液体或多或少都可提供不同的润滑效果，但并不是所有液体都可以用来润滑机器。如水银缺乏黏附性和湿润性，不能很好地接触金属表面；酒精具有良好的表面湿润性，但没有足够的黏稠性，不能为金属表面提供足够的保护膜。另外，压缩气体可以作为特殊用途的润滑剂。但以上这些物质都非一般所考虑使用的多用途润滑剂，石油产品被认为是现代机械最佳的润滑剂，大多数工业及运输设备都依靠石油基润滑油品及燃料油才能顺利运转。石油基润滑油品具有极佳的金属湿润性和建立足够油膜所需要的黏度特性,另外它还具有良好的抗水性、防锈性、黏附性、热安定性和散热效果以带走零件摩擦产生的热量。这些特性都可在润滑油品的研发配制过程中加以改良、选择、组合和优化,成为适合不同机械运转条件下的润滑剂。基本的石油基润滑剂统称为润滑油品或简称为滑油,它们自原油中精炼得到,具有复杂的碳氢分子结构,按其重要特性分成许多类型和级数,这些将在后续章节中介绍。

相互摩擦的零件之间全部充满润滑油膜,这样可大大减小摩擦阻力,减少零件的磨损量,从而延长设备的使用寿命,因此,必须尽可能地创造条件,采取措施来形成和满足这种全膜润滑状态。人们在长期的生产实践中不断对润滑原理进行探索和研究,有的已较成熟,有的尚在研究。现就常见的动压润滑、静压润滑、动静压润滑、边界润滑、极压润滑、固体润滑和自润滑等润滑原理进行简单介绍。

一、动压润滑

如图 1-12 所示,轴颈旋转将润滑油带入轴承摩擦表面,由于油的黏性作用,当达到足够高的旋转速度时,油被带入轴与轴瓦配合面间的楔形间隙内,形成流体动压效应,即在承载区内的油层中产生压力。当压力与外载荷平衡时,轴与轴瓦之间形成稳定的油膜。这时,轴的中心相对轴瓦的中心处于偏心位置,轴与轴瓦之间处于完全液体润滑状态。类似这种由于润滑油的黏性作用和油在轴承副中楔形间隙形成的流体动力作用而产生油压,形成承载油膜的润滑,称为液体动压润滑。采用动压润滑的轴承磨损小,寿命长,还具有一定的吸振能力,因此在机器设备中最常见。液体动压润滑理论的假设条件是润滑油的黏度在一定温度下不随压力的变化而改变;相对摩擦运动的表面是刚性的,即在受载及油膜压力的作用下,不考虑其弹性变形。对于一般非重载(接触压力为 15 MPa)的滑动轴承,该假设条件接近实际情况。但是,在滚动轴承和齿轮表面接触压力增大至 400~1 500 MPa 时,该假设条件就与实际情况不符,这时摩擦表面的变形可达油膜厚度的数倍。因此需要考虑金属摩擦表面的弹性变形和润滑油黏度随压力改变这 2 个因素,以此研究和计算油膜形成的规律、厚度、油膜截面形状和油膜内的压力分布等,这种润滑称为弹性液体动压润滑。

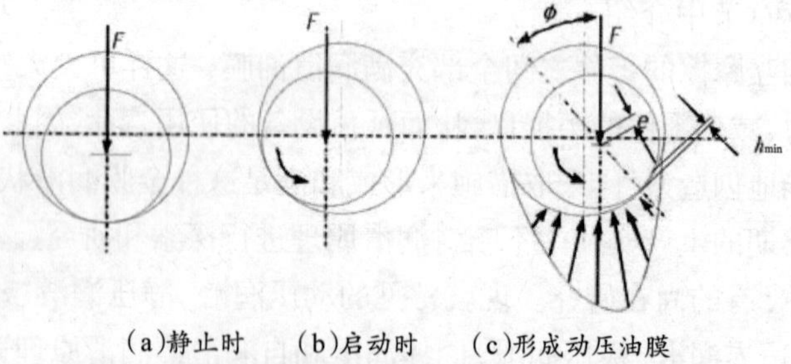

图 1-12 液体动压润滑油膜形成过程及油膜压力分布

二、静压润滑

通过一套高压的液压供油系统将具有一定压力的润滑油通过节流阻尼器强行送到运动副摩擦表面的间隙中(如静压滑动轴承的间隙、平面静压滑动导轨的间隙和静压丝杆的间隙等),摩擦表面在尚未开始运动前就被高压油分隔开,强制形成油膜,从而保证运动副在承受一定工作载荷的条件下完全处于液体润滑状态,这种润滑称为液体静压润滑。

三、动静压润滑

随着科学技术的发展,近年来在工业生产中出现新型的动、静压润滑的轴承。液体动、静压联合轴承充分发挥液体动压轴承和液体静压轴承的优点,并克服它们各自的不足。其主要工作原理为：轴承副在启动或制动过程中，采用液体静压润滑的方法，将高压润滑油压入轴承承载区，以使轴颈浮起，保证液体润滑条件，从而避免在启动或制动过程中因速度变化不能形成动压油膜，而使金属摩擦表面（轴颈表面和轴瓦表面）直接接触产生摩擦和磨损；当轴承副进入全速稳定运转状态时，可将静压供油系统停止，此时用动压润滑供油形成动压油膜，仍能保持轴颈在轴承中的液体润滑条件。从理论上来讲，在轴承副启动、运转、制动和正反转的整个过程中，使用这种方法能完全避免半液体润滑和边界润滑，形成液体润滑，因此，只要克服因润滑油黏性而产生的液体内部分子间的摩擦阻力即可。此外，摩擦表面完全被静压油膜和动压油膜分隔开，若情况正常，则几乎不会产生磨损，从而大大延长轴承的工作寿命，减少动能消耗。

四、边界润滑

边界润滑又称边界摩擦，指从摩擦面之间润滑剂的分子与分子间的内摩擦（即液体润滑）过渡到摩擦表面直接接触之前的临界状态。此时，摩擦界面上存在着一层吸附的薄膜，厚度通常为 0.1 μm 左右，具有一定的润滑性能，这层薄膜称为边界膜。边界膜的润滑性能主要取决于摩擦表面的性质以及润滑剂中的油性添加剂、极压添加剂对金属摩擦表面形成的边界膜性质，与润滑油品的黏度关系不大。

五、极压润滑

极压润滑属于边界润滑的一种特殊情况，即在重载（或高接触应力）、高速、高温的条件下，润滑油中的极压添加剂与金属摩擦表面反应生成一层化学反应膜，将 2 个摩擦表面分隔开，起到降低摩擦因数、减缓磨损的作用。

六、固体润滑

在摩擦面之间放入固体粉状物质的润滑剂，同样能起到良好的润滑效果。固体润滑有 2 个必要条件:①固体润滑剂分子间应具有低剪切强度,容易产生滑移,这样就把 2 个摩擦面之间的外摩擦转变为固体润滑剂分子间的内摩擦;②固体润滑剂应与摩擦面有较强的亲和力,在摩擦过程中,要使摩擦面上始终附着一层固体润滑剂，且这层固体润滑剂不腐蚀摩擦表面。一般固体润滑剂在金属表面上是机械附着的，但也有通过化学结合的。能进行固体润滑的物质很多,如石墨、二硫化钼和滑石粉等。

对于非层状结构固体润滑剂或软金属来说,由于其剪切力小,主要通过在摩擦表面形成润滑膜来起到润滑作用。固体润滑膜的润滑机理,可按近似边界润滑的机理解释其润滑作用。

七、自润滑

以上几种润滑都需要在摩擦运动过程中向摩擦面之间加入润滑剂，而自润滑则是将具有润滑性能的固体润滑剂粉末与其他固体材料混合后经压制、烧结成材,或在多孔性材料中浸入固体润滑剂,或用固体润滑剂直接压制成材,作为摩擦表面。这样在整个摩擦过程中,不需要加入润滑剂,仍能具有良好的润滑作用。自润滑包括固体润滑、边界润滑或二者皆有,如聚四氟乙烯制品做成的压缩机活塞环、轴瓦和轴套等都属自润滑,因此在这类零件的运行过程中,不需添加任何润滑剂也能保持良好的润滑。

第三节　船舶设备润滑系统

船舶设备润滑系统可简单分为主机润滑系统和辅助机械润滑系统，二者具有不同的润滑特点，需要不同的润滑剂以满足设备的运转需求。

一、船用柴油发动机润滑

船舶发动机按其结构和转速可大致分为二冲程低速十字头柴油机、筒状活塞式四冲程中速柴油机和四冲程高速柴油机等。二冲程低速十字头柴油机的润滑由曲轴箱润滑系统和气缸油系统两部分组成，中间由十字头填料函和横隔板隔开，隔板上部靠注油器提供活塞、活塞环与缸套间的润滑，隔板下部由曲轴箱中的系统油提供十字头轴承、曲轴箱轴承、主轴颈轴承、曲轴轴承、同步齿轮或链条及其工作部件的润滑，其中以活塞、活塞环和气缸套间的润滑最为苛刻，负荷最大。

船用筒状活塞式四冲程中速和高速柴油机的结构与一般陆用柴油机结构相似，其气缸与曲轴箱共用一套润滑系统，只是船用筒状活塞式四冲程中速柴油机通常比陆用柴油机要大得多，而船用四冲程高速柴油机则与陆用柴油机完全一样。

（一）船用二冲程柴油机润滑

船用二冲程十字头柴油机在气缸下部设置横隔板和活塞杆填料箱，将气缸部分与曲轴箱隔开，见图 1-13。

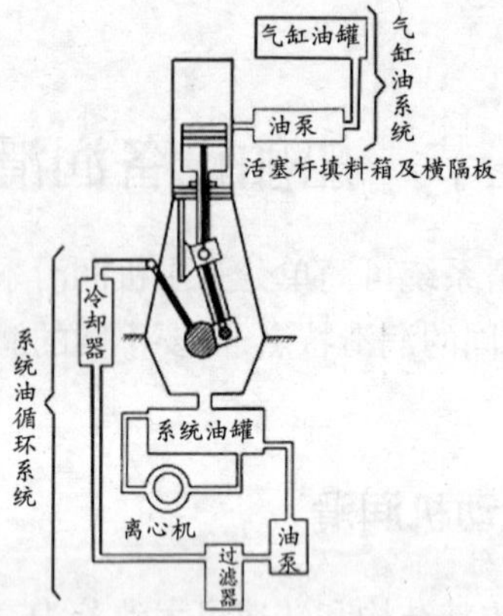

图 1-13 船用二冲程十字头柴油机结构及典型的润滑系统

气缸缸套、活塞和活塞环由专门的润滑油——船用气缸油润滑，气缸油经缸壁上的注油孔喷注到气缸壁表面进行润滑，如MAN公司的低速十字头发动机，其每缸至少有 8 个注油孔。气缸油的注油量可根据润滑要求进行调节，气缸油不循环使用，属一次性消耗品。这种润滑方式既能保证可靠的气缸润滑，又可选择不同品质的气缸油来满足缸内润滑的不同要求，具有较大的灵活性。

曲轴箱润滑油是独立的循环油系统，亦称系统油，其在油泵的压力下通过主油道分散到各润滑部件，起到润滑作用。润滑后，系统油从各轴承的间隙溢出，落入油底壳后汇集于循环油柜，循环使用。

(二)船用四冲程柴油机润滑

船用筒状活塞式四冲程中速柴油机的结构与陆用四冲程柴油机结构相同，其气缸和曲轴相连(见图 1-14)，采用中速筒状活塞柴油机润滑油(以下简称中速机油)进行润滑，润滑油可循环使用。其曲轴箱部位的润滑与二冲程柴油机曲轴箱润滑相似，而活塞和气缸壁则靠曲轴转动时飞溅起的润滑油沫进行润滑，同时起到冷却和密封的作用。某些船用大型中速筒状活塞柴油机也在气缸壁上设置注油孔进行润滑。

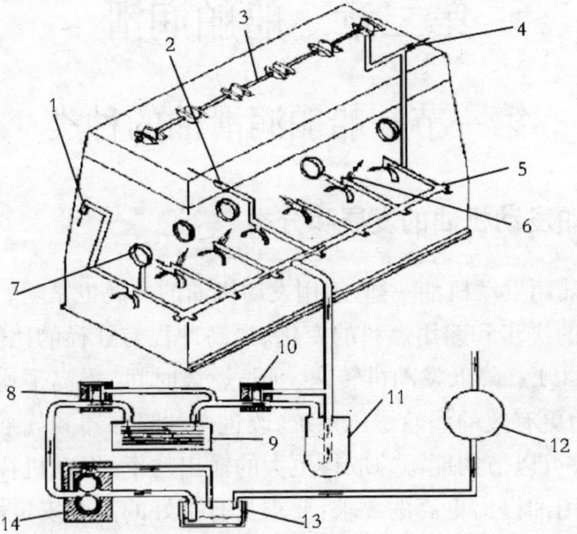

1—机油通道(通向怠速齿轮);2—机油通道(通向涡轮增压器和喷油泵);3—摇臂轴;4—油道接头;5—机油歧管;6—活塞冷却喷孔;7—凸轮轴轴承孔;8—机油冷却器旁通阀;9—机油冷却器;10—机油滤清器旁通阀;11—机油滤清器;12—涡轮增压器;13—油底壳;14—机油泵

图 1-14 筒状活塞式四冲程中速柴油机润滑系统

二、船舶辅助机械设备润滑

如果说发动机是船舶的心脏，那么维系船舶正常航行还需要很多不同设备的支持。除发动机外,船上还有应急发电机组、空气压缩机、冷冻机、离心机、起重机、舵机及各类泵等,这些辅助机械设备的润滑要求与陆地上的同类设备一致。

第二章 船舶润滑

第一节 船舶润滑油的种类

一、船舶发动机油的发展和分类

与陆用发动机油一样，船用发动机油的发展也紧随船舶发动机技术的进步和船用燃料的变化。提高冲程与缸径的比例（目前已接近4:1）、降低发动机转速、延长燃烧时间、提高平均有效压力、采用更有效的涡轮增压系统、改进燃油喷油器和气缸油供应装置等，可以节约能源并取得更大的输出功率。发动机技术的进步对船用油提出更高的要求：要求具有更好的高温安定性、低挥发性以及扩散和黏附性能等。而出于航运成本的考虑，船用燃料正向重质燃料和劣质（含硫量高）燃料发展，由于重质燃料燃烧后会产生大量的积炭、烟灰和腐蚀性物质等，尤其是国外的重质燃料含硫量高，要求船用油具有更高的碱值以中和更多的酸性物质。

与陆用发动机油不同，船用发动机油有自己的分类方法，按其使用环境的不同，船用发动机油分为以下几类。

（一）船用气缸油

主要用于大型低速二冲程十字头柴油机活塞、活塞环和气缸壁间的润滑，由于二冲程十字头发动机的冲程比较长，所以气缸和曲轴箱分开润滑。

（二）船用系统油

又称曲轴箱油，主要起润滑、冷却和防腐等作用，可用于大型低速十字头发动机的曲轴箱润滑，亦可用于增压器等的润滑。

(三)中速机油

主要用于主机为筒状活塞的中速柴油机的润滑，亦可用于大型船舶的辅机润滑。中速机使用劣质渣油燃料时，其燃烧产物易进入曲柄箱中,所以这类气缸油应具有中和酸性产物的作用。

(四)高速柴油机润滑油

主要用于主机为四冲程高速柴油机的润滑，亦可用于大型船舶的发电机组和救生艇等辅机的润滑。

目前,船用发动机油的生产厂家较多,国外有美孚、壳牌、道达尔、嘉实多和加德士等品牌,国内有中国石化长城润滑油和中国石油昆仑润滑油等品牌，但目前国际上并没有船用润滑油产品的统一标准。按照国际惯例,船用油黏度等级分类采用 SAE J300,但除高速柴油机油外,气缸油、中速机油和系统油都只有单级油;质量等级的区分依据是产品的碱值大小,根据使用燃料硫含量的不同,相应有不同碱值的产品以中和燃料燃烧所生成的酸性物质。

二、船舶发动机油的组成

船舶发动机油由基础油和添加剂组成。基础油是润滑油的主要成分,占油品组分的 70%~80%,决定润滑油的基本性质;添加剂则是为弥补和改善基础油性能方面的不足，赋予润滑油某些新的性能,是润滑油的重要组成部分。

(一)基础油

基础油作为船用发动机油的主要组成部分，其性能的优劣直接影响油品的质量。优质基础油应具有适当的黏度和黏温性，低挥发性,优良的低温流动性、氧化安定性和添加剂溶解能力等。过去,国外各大石油公司曾根据原油的性质和加工工艺,将基础油分为石蜡基基础油、中间基基础油和环烷基基础油等。环烷基基础油以其良好的添加剂相容性和燃烧后积炭松软的特点，有利于高碱值船用油的稳定,并减少活塞缸套的磨损,在过去相当长的时期内被作为船用发动机油基础油的首选,但环烷基基础油资源有限。随着近年来添加剂技术的不断发展,具有良好黏温性、热氧化稳定性和低挥发性的深度精制的石蜡基基础油已越来越多地使用在船用油中。

从20世纪80年代以来,以车用发动机油的发展为先导,润滑油趋向于低黏度、多级化和通用化发展,对基础油的黏度指数提出更高的要求,原来的基础油分类方法已不适应这个变化趋势。国外各大石油公司一般根据基础油黏度指数的大小进行分类,但一直没有严格的标准。20世纪90年代,美国石油学会(American Petroleum Institute,API)将基础油分为5类,见表2-1。

表2-1 基础油分类表(按API)

基础油	饱和烃含量/%	硫含量/%	黏度指数 n_{VI}
Ⅰ类	<90	≥0.03	$80 \leqslant n_{VI} < 120$
Ⅱ类	≥90	<0.03	$80 \leqslant n_{VI} < 120$
Ⅲ类	≥90	<0.03	≥120
Ⅳ类	聚α-烯烃(PAO)		
Ⅴ类	除Ⅰ~Ⅳ类以外的其他基础油		

Ⅰ类基础油(常规基础油)通常由传统的“老三套”工艺生产,目前,这类基础油在世界基础油市场中仍占较大的比例。从生产工艺看,Ⅰ类基础油的生产过程基本以物理过程为主,不改变烃类结构,生产的基础油质量取决于原料中理想组分的含量和性质。因此,该类基础油在性能上受原料的限制,但却是船用发动机油基础油的最大来源。

Ⅱ类基础油通过组合工艺(溶剂精制和加氢工艺结合)制得,工艺主要以化学过程为主,不受原料限制,可改变原来的烃类结构,因而其杂质少,芳烃含量少于10%,硫含量少于0.03%,饱和烃含量较高，热氧化安定性好，低温性和对添加剂的感受性均优于Ⅰ类基础油。

Ⅲ类基础油由全加氢工艺制得，与Ⅱ类基础油相比，其属于高黏度指数的加氢基础油，又称为非常规基础油。Ⅲ类基础油在性能上远远超过Ⅰ类和Ⅱ类基础油，尤其是其具有很高的黏度指数和很低的挥发性，某些Ⅲ类基础油的性能可与PAO媲美，而价格却比后者便宜得多。

Ⅳ类基础油指的是PAO合成油。与矿物油相比，这类基础油无硫、磷和金属，由于不含蜡，所以倾点极低，通常在-40℃以下，黏度指数一般高达140。PAO的极性小，对添加剂的溶解能力差，且对橡胶有一定的溶胀性，但这些问题都可通过添加一定量的酯类油来改善。

除Ⅰ~Ⅳ类基础油以外的其他合成油（如酯类油、聚醚、硅油和烷基萘等）和植物油等统称为Ⅴ类基础油。

由于Ⅱ~Ⅳ类基础油对添加剂等极性物质的溶解性较差，目前，船用发动机油仍以使用Ⅰ类基础油为主，但随着添加剂技术的发展，Ⅱ类基础油已在船用发动机油中得以应用。

（二）添加剂

使用添加剂是提高油品质量、增加油品品种的重要手段之一。船用发动机油主要的添加剂有金属清净剂、无灰分散剂、抗氧剂、抗磨剂、防锈剂和抗泡剂等。

清净剂与分散剂、黏度指数改进剂、抗氧剂和抗磨剂并称为现代润滑剂的5大添加剂。在内燃机油中使用较普遍的清净剂主要有磺酸盐、硫化烷基酚盐、烷基水杨酸盐和环烷酸盐等。清净剂是典型的表面活性剂，具有酸中和、清洗、分散和增溶等作用，其在油品中的溶解状态对其使用效果有极其重要的影响。

无灰分散剂按其结构分为聚合型和非聚合型2大类，代表性的有丁二酰亚胺、丁二酸酯、苄胺和无灰磷酸酯等。目前，在内燃机油中使用最多的分散剂以非聚合型的丁二酰亚胺为主。分散剂的化学结构由亲油基、极性基和连接部分组成,在润滑油中极易形成胶团,保证其对液态的初期氧化产物具有极强的增溶作用,对积炭、烟灰等固态微粒具有很好的胶溶分散作用。

抗氧剂能防止和控制油品氧化,控制黏度增长,减少漆膜和油泥的生成, 抑制腐蚀等作用。内燃机油中使用最普遍的抗氧剂是二烷基二硫代磷酸锌,这是一种多效添加剂,兼具抗氧化、抗磨损和抗腐蚀等作用。

减少机械的摩擦和磨损、防止烧结是润滑油的基本性能之一。在高温下能与金属表面作用,生成金属盐保护膜的表面活性物质,称为抗磨损添加剂,如硫化油脂、磷酸酯和二硫代磷酸盐等;为防止在低速高负荷或高速冲击摩擦条件下摩擦面发生烧结而使用的添加剂,称为极压添加剂,如一些卤系极压剂以及在发动机油中普遍使用的二烷基二硫代磷酸锌、二硫代胺基甲酸锌等。

为防止金属受外界环境、介质的化学作用或电化学作用影响而引起破坏或锈蚀, 通常在润滑油中加入防锈剂。防锈剂结构的分子中有一个极性基团,与金属有很强的吸附力,可在金属表面形成吸附性保护膜;同时,防锈剂对水和酸等极性物质具有增溶作用,或具有水置换性和脱水作用, 从而起到良好的防锈作用。防锈剂主要有磺酸钡、羧酸及其盐类、酯类、有机磷酸及其盐类和有机胺等。

油品在循环使用过程中不可避免会夹带气体而生成泡沫。油品中含有大量气泡将破坏正常的润滑状态、缩短润滑油的使用寿命并降低润滑油的冷却效果, 造成发动机因润滑不良而损坏等后果。船用油因其黏度相对较大,油品的起泡和消泡问题相对严重,抗泡剂有助于降低润滑油的起泡能力、破坏泡沫的稳定性,从而快速消泡。船用油中常用的抗泡剂为甲基硅油及丙烯酸酯型非硅抗泡剂。

三、船舶发动机油

船用发动机油按其使用环境分为船用气缸油、船用系统油、船用中速机油和船用高速机油等。

(一)船用气缸油

在大型十字头式柴油机中，气缸润滑由一个独立的润滑系统实施，当代船用柴油机高强化、燃油劣质化的发展趋势，对气缸润滑提出更为苛刻的要求。气缸用的润滑油即为船用气缸油，由注油器向气缸壁上的注油孔注油，润滑气缸、活塞和活塞环。气缸油的质量直接影响发动机功率的发挥和使用寿命，同时关系到整机的安全运转、维修周期的长短和航行的安全等。气缸油直接接触高温及重质燃油燃烧生成的酸性物质，因此船用气缸油对高温清净性、酸中和性和抗磨损性方面要求较高，而气缸油在使用过程中参与燃烧，属一次性润滑，其对抗氧化性、分水性等要求不高。根据使用环境的特点，气缸油应具有以下几个性能。

1. 润滑性

润滑性是一切润滑材料最基本的性能之一。船用大型十字头发动机由于冲程长、缸径大、转速慢，更是要求油品在高温下具有足够的黏度，以确保发动机在工作状况下各摩擦副间能形成足够的油膜；同时，作为船舶气缸润滑油，还有其特殊的要求——良好的扩散性能，保证油品能迅速、均匀地分布到整个气缸表面，确保活塞缸壁处于理想的润滑状态，减少金属磨损。

2. 酸中和性

大型船舶发动机大多采用重质燃料，往往含有较高含量的硫元素，有的含量甚至在4.5%以上。重质燃料燃烧时生成硫酸或亚硫酸类型的酸性物质，对发动机活塞环和气缸内壁造成较大程度的腐蚀和磨损。因此，气缸油必须具有足够的碱值，以中和含硫燃料燃烧产生的酸性物质,克服由此产生的腐蚀磨损。

为控制此类磨损，除要求气缸油具有与硫含量相匹配的碱值外，适宜的气缸油注油率也十分重要。燃料硫含量和合适的气缸油碱值见表 2-2,国外主要发动机制造商推荐的气缸油进油速率见表 2-3。

表 2-2 燃料硫含量和合适的气缸油碱值

硫含量/%	小于 1.5	1.5~2.0	大于 2.0
气缸油总碱值/（mgKOH/g）	40 或 40 以下	40~70	70 或 70 以上

表 2-3 国外主要发动机制造商推荐的气缸油进油速率

制造商	进油速率/（mg /（W·h））
SULZER-EUPOPE	0.68~0.95
IHISULZER	1.16
MHISULZER	1.09~1.22
B&WBUPOPE	0.68
MITSUIB&W	0.68
HITACHIB&W	0.61
MAN-GERMANY	0.59~1.09
KHI-MAN	0.95~1.09
MITSUBISHI-UEC	0.54~0.82

严格来说,在确定所用气缸油碱值的情况下,还应考虑船用十字头发动机的燃油消耗量和润滑油消耗量。在燃油硫含量一定的情况下,如果燃油消耗量大,则气缸油的碱值宜高;如果燃油消耗量小,则气缸油的碱值宜低。气缸油碱值、燃油硫含量和气缸油注入量三者之间的关系可表示为

$$T = 0.35XSB/L$$

式中:T 为气缸油总碱值,mgKOH/g;X 为总因数,如大型船舶发动机为 0.15;S 为燃油硫含量,%;B 为单位时间的燃油消耗量,t/d;L 为单位时间的气缸油消耗量,kg/d。

3. 高温清净性

低速十字头发动机都装有分级扫气装置，容易生成积炭和漆膜等沉积物，因此要求气缸油具有优越的高温清净性能，抑制、清洗和分散生成的胶质与沉积物；同时，由于气缸油完成润滑后即与燃料油一起燃烧，要求气缸油能够燃烧干净，保持发动机清洁。

船用气缸油的高温清净性以活塞、缸套和扫气空间这三个主要部位的沉积物与清洁程度衡量。在活塞部位，主要体现在活塞环岸与环槽、活塞裙部、活塞头部的沉积物性质及沉积程度，活塞环槽处的沉积物是使活塞环黏结而导致磨损加剧的重要原因；对缸套部位而言，指缸套工作面的清洁程度、漆膜的性状等，尤其在进、排气孔最易形成漆膜等沉积物，从而影响发动机的排气作用，降低燃烧效率，并使发动机积垢加剧；对扫气空间而言，指扫气箱内沉积物的生成状况，其与扫气口沉积物的形成完全一样，是缸壁刮下的气缸油和燃烧产物在高温下由扫气口进入扫气室所致。

此外，燃烧状态也影响发动机的清洁程度，不良的燃烧在很大程度上影响气缸油清净分散性的发挥，因此，保证燃料正常燃烧，有利于改善发动机的清洁度。

4. 抗磨损性

船用十字头发动机的磨损，主要发生在活塞环和缸套之间，包括腐蚀磨损、磨料磨损和黏着磨损等，一般腐蚀磨损情况较为严重。

腐蚀磨损主要指含硫燃料燃烧生成的酸性物质侵入气缸表面，与金属接触而产生的磨损，而良好的总碱值保持性和较强的中和能力是气缸油所必需的性能，能够减缓腐蚀磨损。

磨料磨损主要由质硬的磨粒进入润滑表面引起，而磨粒主要来自于燃料的不完全燃烧产物、润滑油燃烧生成的灰分沉积物以及腐蚀磨损产生的金属碎屑等。因此，要求气缸油具有较好的清净分散性能以减少沉积物的生成，从而改善磨损状况。

黏着磨损是最常见的磨损。轻微的黏着磨损属于正常磨损，但如果润滑不良且载荷过大时，会使发动机产生“拉缸”甚至“咬缸”等严重的磨损。对发动机而言，当活塞位于上止点时，处于边界润滑状态下，高温会破坏油膜，上止点部位发生的磨损较其他部位更为严重。因此，要求气缸油具有较高的黏度和一定的承载能力，形成牢固的润滑油膜或化学防护层，以减少黏着磨损，确保发动机正常运转。

5. 储存稳定性

储存稳定性也是船用气缸油的重要性能之一。由于气缸油中添加剂的加入比例相对较高，达20%~40%，众多高碱性添加剂加入到基础油中会因溶解问题而存在稳定性的隐患。另外，船用气缸油含有的大量金属添加剂都为表面活性物质，遇水极易乳化产生沉淀和使添加剂降解，影响气缸油的使用性能。

(二)船用系统油

船用系统油为二冲程低速十字头发动机的曲轴箱用油，用于润滑横隔板和活塞杆填料箱以下的轴承部件，其主要作用是润滑、冷却、清净分散、防腐和减振等。

系统油不与燃气接触，与气缸油相比，其工作条件缓和得多，正常耗量为0.1~0.3 g/(kW·h)。系统油也是油冷式发动机活塞的冷却介质，根据系统油的使用环境和作用，其具有如下性能要求。

1. 黏度和黏温性

适宜的黏度和黏温性是建立良好润滑油膜的保证。高黏度指数确保系统油在启动、低负荷和全负荷等不同工况下的正常工作。由于环境温度变化较大，要求系统油能在较宽的温度范围内具有足够的承载能力，通常使用黏度等级为SAE 30的系统油。

2. 抗氧化性

十字头发动机曲轴箱中的温度不高，但由于系统油长期在曲轴箱中循环使用，与空气的接触使系统油氧化衰变；由于窜入的高温燃气以及部分发动机系统油兼具冷却活塞作用，使得系统油温度升高，加快油品氧化；同时，油中磨损金属粒子的催化作用也加剧油品的氧化。系统油氧化生成的有机酸会腐蚀金属，氧化产物还会缩合生成胶状沉积物沉积在金属表面，堵塞油路和滤网，对于油冷的活塞，还会影响冷却效果。因此，系统油应具有良好的抗氧化性能，尤其是用于冷却活塞的系统油，更要求具有良好的高温氧化稳定性。

3. 清净分散性

油品在使用过程中不可避免地因氧化衰变和外界污染而生成油泥、积炭等不溶物。良好的清净分散性可使曲轴箱中的油泥和积炭等各种微小颗粒分散并悬浮在油中，不聚集成大颗粒沉积在零部件表面和油道中，保持发动机的清洁和润滑油道的畅通。

4. 抗水性

在低速十字头发动机润滑系统中，海水渗入或冷却系统泄漏都会使润滑油乳化。如果油品抗水性能差，当漏入水量较多时，经过循环、飞溅，会进一步加剧油品的乳化，不仅影响系统油的压力，还会破坏轴承润滑。另外，乳化后的油品会使不溶物悬浮于油中污染摩擦表面，加剧摩擦副的磨损；而油品添加剂遇水降解，促使润滑油过早变质。因此，抗水性是系统油的主要性能之一。

5. 抗腐蚀性

发动机长期在潮湿环境中工作，润滑油在使用过程中难免会有部分水和燃油混入，特别是燃烧产物中无机酸的漏入，会引起轴承和其他机件的腐蚀。油品的抗腐蚀性对有色金属的轴瓦有重要意义，抗腐性差会引起轴承合金腐蚀或铅-锡、铅-铜等镀层剥落。

6. 储存稳定性

船用系统油用量大、使用周期长、应用范围广，要求长期存放而不产生沉淀、变质，因此应具有良好的储存稳定性。

(三)船用中速机油

船用中速发动机又称筒状活塞柴油机，其工作原理与高速四冲程发动机基本相同，但其特征是燃用残渣燃料油，担当船舶主机、辅机或大型陆用发电机组。一般船用中速发动机可有多达20个缸，成对或成V形排列，经减速齿轮箱与推进器连接，使用润滑油润滑活塞和轴承等，同时亦能润滑齿轮。船用中速发动机所用的燃料油与二冲程十字头发动机基本一样，但由于其燃烧室与曲轴箱之间没有用于隔断的填料函等，泄漏的燃烧产物会全部落入曲轴箱中，污染中速机油。

由于船用中速机油既要润滑曲轴箱中的运动部件、冷却活塞，又要润滑活塞缸套，兼具船用气缸油和船用系统油的双重性能，对其有更高的性能要求。根据船用中速机油的使用环境和作用，其有如下性能要求。

1. 酸中和性

船用中速机油必须具有一定的碱值，以中和燃料油中含硫部分燃烧生成的硫氧化物及其与水形成的无机酸，防止腐蚀和腐蚀磨损。

2. 清净分散性

船用中速发动机活塞环槽的温度高达250℃，中速机油在工作过程中直接与高温的活塞、缸套及其燃烧产物相接触，高温沉积物生成倾向更为严重，油品氧化产物和燃油不完全燃烧产物等沉积在活塞表面，严重时会造成活塞环黏着甚至折断，引起漏气和咬缸；而冷却活塞的油品也会因高温在活塞内腔顶部氧化积炭，生成更硬的沉积物，影响传热，造成活塞顶变形；同时这些沉积物还会沿着缸壁进入曲轴箱，污染发动机油，缩短发动机油的使用寿命；此外，中速发动机作为船舶主机，其功率大，循环油量也大，在工作过程中常有部分润滑油处于循环、离心和净化状态。因此，对船用中速机油的清净分散性提出更高要求，要求其能够抑制沉积物的生成，清洗分散沉积物，使其在润滑油中保持悬浮分散状态，不沉积在零部件表面和油道中，保持发动机的清洁和正常运转，并在离心净化过程中去除沉积物。

3. 足够的承载能力

适宜的黏度可保证发动机零部件在边界润滑状态下降低磨损，目前，船用中速机油多用黏度等级为 SAE 30 和 SAE 40 的油品。

4. 热氧化安定性

船用中速机油长期处于热氧化条件下，要求油品具有良好的抗氧化安定性能以尽量减少有机酸、过氧化物、胶质、漆膜和积炭的生成，延长油品使用寿命，为发动机零部件提供有效的保护。

5. 分水性

船用中速机油添加剂的用量大，其中的清净分散剂、抗磨剂、抗氧剂和防锈剂等大多为表面活性物质，遇水易乳化，降低油膜的承载能力，造成机件的异常磨损；此外，上述表面活性物质溶于水中，会降低油品中添加剂有效组分的实际含量，使得油品品质下降、使用寿命缩短。因此，船用中速机油要求具有良好的油水分离性能。

6. 储存稳定性

中速机油的使用周期长、应用范围广，要求长期存放而不产生沉淀、变质，因此要求具有良好的储存稳定性。

（四）船用高速机油

小型船舶如渔船、巡逻艇等使用高速柴油机作为其主机发动机以追求速度。与陆用高速柴油机相比，船用高速柴油机的使用条件更为苛刻。首先，船用高速柴油机使用的燃料硫含量偏高，由于我国目前对于船舶的废气排放还没有严格控制，与车用燃料相比，船用燃料硫含量普遍偏高。其次，船用高速柴油机工作负荷强，连续工作时间长，船舶在一个航次中基本处于高负荷运转中，停机时间较为短暂。再次，船用高速柴油机维护保养相对困难，船用发动机的日常维护很难做到完全如陆用发动机那样由专业维护人员定期保养。此外,船用高速柴油机难免会接触到水,易造成发动机油污染。

目前,船用高速柴油机润滑基本上直接选用车用柴油机油,但一些润滑油公司已针对船用高速柴油机的使用环境推出相应的船用高速柴油机润滑油,如中国石化长城航星系列润滑油产品等。

（五）船舶设备用油

主机系统用油包括船用气缸油、系统油和中速机油等三大类,占整个船舶润滑用油的 90%~95%, 其他辅助机械用油约占5%~10%。

为船舶设备选择合适润滑材料的依据是在确保设备使用正确润滑油的前提下, 尽量简化润滑油品种。如涡轮增压器属于高转速机械,选用柴油机曲轴箱油亦可满足其轴承的润滑需要,这样便可简化用油品种,或者与主机共用一个润滑系统,简化船上设备;否则,若使用专用的透平油,则需要另一个专门的润滑系统。

第二节　船舶发动机油的选用

船舶发动机润滑系统科学、合理的管理和机油的正确选用对发动机功率的发挥、故障率的降低、使用寿命和维修周期的延长有很大影响。为确保船舶航行的安全,针对船舶用油的特点,加强对船舶润滑的管理和机油质量的控制极其重要。

在所有船舶发动机中,不论其润滑系统是何种形式,正确选用润滑油都极其重要。

总的来说，当发动机负荷较大时，发动机缸套、活塞等主要摩擦副之间的温度也较高，在高温航线航行时船舶环境温度同样较高，应选择黏度较高的润滑油。平均有效压力大于 0.8 MPa 的发动机，要用等级高于 SAE 40 的润滑油；反之，则可选用等级低于 SAE 40 的润滑油。

燃油品质对发动机的磨损有很大影响，一般渣油硫含量和灰分都比较高,选用润滑油的总碱值也可相应高些。

一、十字头柴油发动机用油

(一)气缸油的选用

气缸油用于低速十字头柴油主机气缸的润滑。可根据所用燃油的质量，结合柴油发动机说明书和发动机的实际工况合理选用气缸油。

气缸油碱值是否与所用燃料的硫含量相匹配，是选择气缸油的首要指标。碱值太低,不能有效中和燃烧产物,易造成发动机腐蚀磨损;碱值偏高,则成本高,不经济,且会因过量的碱值添加剂无法与酸中和而沉积在气缸壁上，带来不必要的磨料磨损。但客户一般在选用油品碱值时都宁高不低。

根据硫含量选择气缸油碱值的同时，还应该考虑发动机的增压度。对于低增压的二冲程发动机（有效功率小于 7.85 MPa），当硫含量不超过 3%时，可选用TBN（总碱值）40 的气缸油；对于中、高增压的发动机，当硫含量大于 2%时，就要选用 TBN 70 的气缸油。

所用气缸油的碱值是否足够，可用简单、直观的方法加以鉴定。在通常情况下，若注油点之间的气缸表面上出现漆状物，说明气缸油碱值偏低，不能很好地满足高温清净的使用要求。

气缸油在使用过程中，注油量也是一个重要指标。注油量过大，不仅浪费，而且会使燃烧室沉积物增多引起机件黏着，磨损增大；注油量过小，又难以形成完整的润滑油膜，使活塞环和气缸壁的磨损增大。一般可根据燃料油中的硫含量计算润滑油的注入量，也可混配 2 种气缸油以调整所需的碱值，通过实时监控气缸油废油情况调整气缸油的加入量。通常，若缸套内壁表面湿润，第一道活塞环呈半干半湿状态，其余活塞环呈湿润状态，活塞环活动灵活、外缘表面光亮，环槽积炭少，气口扫气箱无积炭，则表明气缸的注油量调整恰当。

一般气缸油的耗量可根据以下传统公式大致推算。

$$L=\frac{0.35BXS}{T_{min}}$$

式中：L 为气缸油耗量，g/（kW·h）；B 为燃料消耗量，g/（kW·h）；S 为燃料油硫含量，%；T_{min} 为气缸油最低允许碱值，mgKOH/g；X 为因数，与缸径有关。缸径 110 mm，X 取 0.35；缸径 300 mm，X 取 0.2；缸径 400 mm，X 取 0.15；缸径 500 mm，X 取 0.12；缸径 600 mm，X 取 0.1；缸径 700 mm，X 取 0.08。

此外，气缸油在储存和运输过程中应尽可能存放在室内，做到防水、防潮；在使用过程中尽可能不与其他品牌或其他种类的产品混合使用，在特殊情况下需要混兑的，应先做混兑试验进行验证。

(二)系统油的选用

系统油选用的主要依据为柴油机的机型、运行工况、工作环境和所用燃油的质量等。低速十字头柴油机系统油对碱值的要求并不高,一般都在 10 mgKOH/g 以下,而黏度等级则通常选用 SAE 30。

国内船用系统油的黏度等级有 SAE 30 和 SAE 40,碱值与国外同类产品相当,具有良好的抗水性。但国内沿海和内河有不少中小型船舶,往往用陆上车用的 CC 和 CD 级柴油机油代替,在使用过程中出现不少问题。因为车用柴油机油主要用于陆上柴油机车辆,不受水的污染,不需要考虑较高的抗乳化性能和水分离性能,而船用系统油由于其工作情况的特殊性,不可避免地受到水的污染,如果使用普通柴油机油极易产生乳化,从而影响发动机的正常工作。

船用系统油在使用中要注意避免水污染。因为船用系统油中存在清净分散剂,会将水分散在油中,形成油-水乳化液,从而降低油膜的承载能力,甚至损坏机件,尤其当海水进入系统油后,还会使轴瓦等运动部件表面受到腐蚀。因此,要定期检查系统油情况,一旦发现有异常情况,要及时处理。

系统油在使用过程中,应当定期(一般 1 个季度 1 次)取样分析化验,及时监测润滑油品变化、机器运转情况、柴油机的燃烧状况和润滑油污染情况等,以便正确判断换油的周期和分析机械设备的磨损状况。应在主机运转状态下,在分油机前取样,先把放油旋塞擦干净,并放掉相当于 2 倍留在旋塞管路中的润滑油,再开始取样,以便确保所取油样的代表性。

若船舶停航较长一段时间,为确保柴油机的良好润滑,也应取样分析化验。这时应当从系统最高处和日用油柜最低点这 2 个地方取样。

二、中速筒状活塞柴油发动机用油

大功率、高负荷的中速筒状活塞柴油机,可燃用劣质燃料以提高经济效益。筒状活塞柴油机没有像二冲程发动机一样的横隔板将气缸和曲轴箱系统分开,燃料的燃烧产物容易落到曲轴箱中,污染润滑油,因此对油品的质量要求比气缸油和系统油更高。

船用中速机油,要结合发动机的使用工况合理选用。对于工况条件和缓、增压程度不高的中速发动机,可选用低碱值的中速机油;对于工况条件苛刻、发动机增压度高、润滑油消耗(补加)量小的中速发动机,应该适当选用高碱值的中速机油。船用中速机油总碱值的选择见表 2-4。

表 2-4 船用中速机油总碱值的选择

工况条件	燃油硫含量/%	中速机油总碱值/(mgKOH/g)
苛刻	3.5~4.0	≥40
苛刻	2.0~3.5	30
苛刻	1.0~2.0	20
苛刻	0.5	12
中等苛刻	1.5~2.0	25
中等苛刻	0.5~1.5	15
中等苛刻	0.5	10
缓和	<0.5	7

对于工况条件较缓和、所用燃料硫含量不高的中速筒状柴油机,也可选用低速十字头发动机用的系统油。国内研制成功的 TBN 12,25,40 和 SAE 40 的中速机油经实际使用,得到用户的肯定,应该是很好的选择。

用户在使用过程中应注意保持循环油箱中润滑油的总碱值稳定,可用下式进行推算

$$T_{\infty} = T_0 - 6.5\frac{S}{C}$$

式中:T_0 为新油碱值,mgKOH/g;T_{∞} 为润滑油稳定碱值,mgKOH/g;

S 为燃料油硫含量,%;C 为润滑油消耗量,g/(kW·h)。国外有些发动机厂商规定 T_0 不小于 T_∞ 的 40%~50%。

中速机油兼有气缸油和系统油的双重功能，因此除应具有良好的高温清净、分散、抗氧化、抗磨损及酸中和等性能外,还有一个很重要的要求,即油品在使用过程中必须经离心、净化后,还能保持良好的性能。中速机油的离心分水分渣流程见图 2-1。

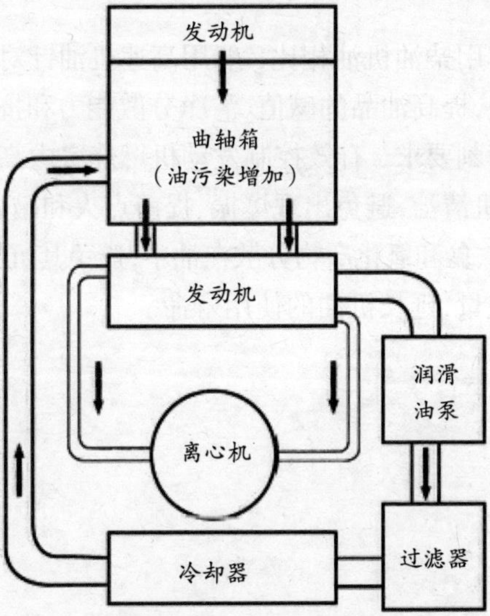

图 2-1 中速机油的离心分水分渣流程

中速机油在使用时尤其要注意避免水污染。船用中速机油中存在大量清净分散剂,若有水分进入油中,添加剂会将水分散在油中,形成油-水乳化液,降低油膜的承载能力,甚至损坏机件,因此中速机油严禁采用水洗法分油。

三、船舶高速发动机用油

高速四冲程柴油发动机常作为高速渡船、缉私艇和高速渔船等的动力,或用作船上辅助发电机、应急救生设备等。

目前，许多船用高速柴油机都直接选用车用柴油机油进行润滑。根据发动机使用的苛刻程度或发动机生产商的要求，这些发动机一般选用 CF-4,CD 等质量级别的柴油机油。其实,船用高速柴油机与陆用高速柴油机相比，其使用条件更为苛刻。船用高速柴油机使用的燃料硫含量偏高,因此,直接将车用柴油机油作为船用高速柴油机的润滑油并不妥当，而应当选择专用的船用高速柴油机油。

与普通车用柴油机油相比，船用高速机油针对船用燃料硫含量较高的特点,提高油品的碱值、清净分散能力和抗氧化抗磨损性能以满足其苛刻要求，有效控制发动机燃烧室内高温沉积物的生成,保持发动机清洁,避免出现爆振、提前点火和敲缸等现象,并能够有效地将烟、炱和氧化产物分散在油中,避免其沉积在机件表面,减少机油消耗量,延长机油的使用寿命。

第三节 船舶润滑

通过遵循船舶发动机选油的一些原则，可基本保证船舶发动机的正常运转和船舶的航行。但是，船舶配套设备除提供动力的发动机外，还有许多辅助系统，如船用泵、气体压缩机械、发电机组、动力传动推进系统（螺旋桨等）、舵设备、锚泊和系缆设备、起重设备（包含液压、齿轮设备）、生活设备（制冷、锅炉等）以及救生设备等，它们均需要合适的润滑油脂为其正常使用提供保证。

大型船舶配备的设备多，润滑点多，使用的润滑油品种也多。主机部件使用专门的船用发动机油，一般轴承部件使用船用系统油或发动机油，液压系统使用 HM 或 HV 液压油，齿轮系统使用工业齿轮油，制冷设备使用冷冻机油，压缩机和通风机使用压缩机油，其他一些润滑条件苛刻的地方如链传动和钢丝绳部位则使用润滑脂等。船舶润滑部位及用油示例见表 2-5。

表 2-5 船舶润滑部位及用油示例

设备	润滑部位	推荐用油（长城）
主机	气缸	5070 气缸油
	系统	4008 系统油
增压器	轴承	4008 系统油
调速器	电子调速	
转车机	齿轮箱	得威 CKD220
中间轴	轴承	得威 CKD220
艉轴管	轴承及密封	4008 系统油
辅机	气缸及系统	4040 中速机油
增压器	轴承	4040 中速机油
调速器	液压系统	4040 中速机油
应急发电机	气缸及系统	CH-4 15W/40
主空压机	气缸及系统	100 号 4502 压缩机油
应急空压机	气缸及系统	100 号 4502 压缩机油
燃油分油机	齿轮箱	得威 CKT320
滑油分油机	齿轮箱	得威 CKT220

续表 2-5

设备	润滑部位	推荐用油(长城)
空调冰机	气缸及系统	4521 合成烃冷冻机油
伙食冰机	气缸及系统	4521 合成烃冷冻机油
阀门遥控系统	液压系统	卓力 HV32
空压机、空调冰机、吊车、泵等	滑脂点	2 号极压锂基润滑脂
甲板机械及舵机	液压系统	卓力 HV68
锚机及绞缆机	液压系统	卓力 HV100
	齿轮箱	得威 CKD220
舱盖	液压系统	卓力 HV32
舷梯绞缆机	齿轮箱	得威 CKD220
舵承	齿轮箱	得威 CKD220
吊机	齿轮箱	得威 CKD220
救生艇柴油机	气缸及系统	CH-4 15W/40

注:对于不同船舶和不同设备,需要对推荐用油进行调整。

第三章　国内外船用润滑油产品

船用内燃机油产品主要分为船用气缸油、船用系统油、船用中速筒状活塞柴油机油和船用高速发动机油4大系列产品。船上其他设备用油，如汽轮机、空气压缩机、冷冻机、离心机、起重机、舵机及各类泵等的润滑用油，因其润滑要求与陆用的一致，按照设备生产商的推荐使用相应的工业润滑油脂。

船用润滑油产品品牌众多，国际油公司以美孚、壳牌、嘉实多、道达尔、雪佛龙为主，民族品牌则以中国石化长城和中国石油昆仑为代表。船用内燃机油国际上没有统一的产品规格，且各品牌产品名五花八门，为用户提供众多选择的同时，也带来了困惑。为此，本书以中国石化长城润滑油为代表，简要介绍各类产品的主要性能及应用场合，并列出国内外主要船用润滑油品牌对应表，便于用户合理选用船用润滑油。

第一节　船用气缸油

SINOPEC长城牌船用气缸油产品主要有5010，5040，5070和5070S等。以上牌号中，前2位数字代表该产品的黏度等级，后2位数字代表该产品的碱值等级。如船用气缸油5070，表明该油品符合SAE 50的黏度等级要求及70的碱值等级要求。

SINOPEC船用气缸油5040适用于使用低硫燃料（硫含量低于2.0%）的十字头船用柴油机的气缸润滑，SINOPEC船用气缸油5070和5070S则适用于使用硫含量高于1.5%的十字头船用柴油机的气缸润滑。

一、SINOPEC船用气缸油5070和5070S

SINOPEC船用气缸油5070和5070S采用深度精制石蜡基矿

物基础油，加入精选的高性能添加剂调制而成。其具有较高的碱值，优异的抗磨性能，可以在高温高压等恶劣工况下更好地保护发动机，适用于燃烧具有较高硫含量燃料的低速十字头柴油发动机的气缸润滑。

（一）性能特点

该产品具有高碱值以及优异的碱值保持性，可有效中和劣质燃料燃烧产生的酸性物质，避免发动机部件腐蚀；优异的抗磨损性能，减少金属机件的摩擦磨损，延长发动机部件的使用寿命；优异的清净分散性能，有效防止活塞环槽和缸套气口处的积炭，确保发动机燃烧室内的清洁；良好的扩散性能，使油品迅速到达气缸表面，形成油膜，有效降低摩擦磨损。

（二）应用

SINOPEC 船用气缸油 5070 和 5070S 适用于使用硫含量高于 1.5%燃料的十字头船用柴油机的气缸润滑，满足市场上各大主流主机制造商对油品性能的要求，并在大量大型船舶上得到应用，获得 MAN 公司的认证。

二、SINOPEC 船用气缸油 5040

SINOPEC 船用气缸油 5040 采用深度精制石蜡基矿物基础油，加入精选的高性能添加剂调制而成。其适用于燃烧具有较低硫含量燃料的低速十字头柴油发动机的气缸润滑。

（一）性能特点

该产品具有良好的酸中和性能，可以有效中和劣质燃料燃烧产生的酸性物质，避免发动机部件腐蚀；良好的抗磨损性能，减少活塞缸套的摩擦磨损，延长发动机部件的使用寿命；良好的清净分散性能，有效防止活塞环槽和缸套气口处的积炭，确保发动机燃烧室内的清洁；良好的扩散性能，使油品迅速到达气缸表面，形成油膜，有效降低摩擦磨损。另外，5040 油品工作时产生比 70 碱值气缸油低的灰分,能有效减少燃烧后由于碳酸钙沉积所造成的磨料磨损。

(二)应用

SINOPEC 船用气缸油 5040 适用于使用硫含量为 0.5%~2.0% 燃料的十字头船用柴油机的气缸润滑,在国内生产的MAN 主机上广泛使用。

(三)典型数据

SINOPEC 长城牌船用气缸油的典型数据见表 3-1。

表 3-1 SINOPEC 长城牌船用气缸油典型数据

产品名称	黏度等级	总碱值/(mgKOH/g)	运动黏度(100℃)/(mm^2/s)	黏度指数	闪点(开口)/℃	倾点/℃
船用气缸油 5070	50	71	18.7	93	246	−9
船用气缸油 5070S	50	71	20.2	100	252	−12
船用气缸油 5040	50	41	17.9	93	254	−9

三、国内外同类产品

国内外同类船用气缸油产品的对照表见表 3-2。

表 3-2 国内外船用气缸油产品对照表

公司名称/品牌	产品名称	运动黏度/(mm^2/s)		黏度指数	总碱值/(mgKOH/g)	闪点/℃	倾点/℃
		40℃	100℃				
SINO-PEC长城	船用气缸油 5010		18.6	90	11	272	−9
	船用气缸油 5040	249	17.9	93	41	254	−9
	船用气缸油 5070	250	18.7	93	71	246	−9
	船用气缸油 5070S	225	20.2	100	71	252	−12
SHELL壳牌	Alexia LS(SAE 50)	211	19.5	100	40	210	−6
	Alexia 50(SAE 50)	225	19.5	100	70	210	−6
FEOSO东方	Feocy oil 51(SAE 50)	198	18.0	99	10	220	−15
	Feocy oil 54(SAE 50)	202	18.2	99	40	240	−15

续表 3-2

公司名称/品牌	产品名称	运动黏度/(mm²/s)		黏度指数	总碱值/(mgKOH/g)	闪点/℃	倾点/℃
		40℃	100℃				
FEOSO东方	Feocy oil 44（SAE 40）	153	15.0	98	40	235	−15
	Feocy oil 57（SAE 50）	199	19.0	100	70	220	−15
	Feocy oil 69（SAE 60）	226	22.1	100	90	240	−10
AGIP阿吉普	PUNICA 570（SAE 50）	221	19.5	100	70	230	−12
BP英国石油	Energol CLO50M（SAE 50）		19.5		70	>190	−9
	Energol CL-DX405（SAE 50）		19.5		40	>190	−9
	Energol CL505（SAE 50）		19.5		50	>190	−9
CASTROL嘉实多	Cyltech 70（SAE 50）		19.5		70	>190	−9
	Cyltech 50S（SAE 50）		19.5		50	>190	−9
	Cyltech 40SX（SAE 50）		19.5		40	>190	−9
CHEVRON雪佛龙	Taro Special HTLS 40（SAE 50）	247	21.0	100	40	270	−15
	Taro Special HT70（SAE 50）	220	19.9	104	70	270	−15
TOTAL道达尔	TALUSLA UNIVERSAL（SAE 50）	185	18.5	100	57	>230	−9
	TALUSLA HR80（SAE 50）	200	20.0	100	80	>230	−9
	TALUSLA HR 6085（SAE 60）	290	24.5		85	>230	−9
	TALUSLA LS40（SAE 50）	228	20.0	100	40	>230	−9
	TALUSLA HR70（SAE 50）	228	20.0	101	70	>230	−9
MOBIL美孚	Mobilgard 570（SAE 50）	247	19.3	100	70	250	−9
IDEMITSU出光	Daphne Seamaster A50N（SAE 50）	163	17.4	116	70		
	Daphne Seamaster A40（SAE 40）	117	13.6	114	50		
JX Nippon新日本石油	Marine C705（SAE 50）	235	20.0	98	70	264	−12
	Marine C504（SAE 40）	157	15.3	98	50	240	−10
昆仑	DCA 5040	225	19.0	95	40	248	−15
	DCA 5070H	213	19.0	100	70	248	−15

第二节 船用低速机系统油

SINOPEC 长城牌船用系统油产品主要有系统油 3006，3008，4006,4008,3012 和 4012 等。以上牌号中,前 2 位数字代表该产品的黏度等级,后 2 位数字代表该产品的碱值等级。如船用系统油 3008，表明该油品符合 SAE 30 的黏度等级要求及 8 的碱值等级要求。

一、性能特点

船用系统油由石蜡基矿物基础油和精选的高性能添加剂调制而成。其适用于燃烧不同硫含量燃料的低速十字头柴油发动机的曲轴箱润滑及机艉轴等辅助设备的润滑。其中，系统油 4008 和 3008 获得 MAN 公司的认证。

该产品具有优异的分水性能,能迅速将进入油中的水分分离,确保油品性能稳定;优异的抗氧化性能及热稳定性能,降低油品的氧化速度,延长使用时间;良好的清净分散性能,使积炭、油泥等分散成微小颗粒并悬浮在油中,保持发动机清洁;优良的防锈性能和抗腐蚀性能,防止机件的锈蚀和腐蚀,保护发动机。

二、典型数据

长城牌船用系统油的典型数据见表 3-3。

表 3-3 船用系统油的典型数据

产品牌号	总碱值/(mgKOH/g)	运动黏度(100℃)/(mm²/s)	黏度指数	闪点(开口)/℃	倾点/℃
3006	6	11.1	94	256	−15
3008	8	11.1	94	250	−15
3012	12	11.2	92	252	−15
4006	6	13.8	95	268	−15
4008	8	13.3	92	256	−15
4012	12	14.6	93	263	−15

三、国内外同类产品

国内外同类船用系统油产品的对照表见表 3-4。

表 3-4 国内外船用系统油产品对照表

公司名称/品牌	油品名称	运动黏度/（mm^2/s）		黏度指数	总碱值/（mgKOH/g）	闪点/℃	倾点/℃
		40℃	100℃				
SINO-PEC 长城	船用系统油 3008	103	11.1	94	8	250	−15
	船用系统油 4008	175	13.3	92	8	256	−15
SHELL 壳牌	Melina S30（SAE 30）	104	11.8	102	5	227	−12
	Melina Oil 40	139	14.4	102	8	229	−9
FEOSO 东方	Feogod 30（SAE 30）	109	11.8	96	8	220	−15
	Feogod 40（SAE 40）	143	14.2	96	8	220	−10
	Feomar 30（SAE 30）	115	12.0	94	12	210	−15
	Feomar 40（SAE 40）	146	14.1	94	12	220	−10
AGIP 阿吉普	CLADIUM50（SAE 30）	108	12.0	100	5	240	−12
BP 英国石油	Energol OE-HT30（SAE 30）	112	11.5	98	5	230	−9
CAS-TROL 嘉实多	CDX30（SAE 30）	103	11.5	98	5	>200	−12
CHEV-RON 雪佛龙	Veritas 800Marrine Oil 20（SAE 20）	67	8.5	95	5	240	−12
	Veritas 800Marine Oil 30（SAE 30）	112	12.0	95	5	240	−12
TOTAL 道达尔	ATLANTA MARINE 20（SAE 20）	70	8.8	97	2	220	−6
	ATLANTA MARINE D2005（SAE 20）	70	8.8	97	6	220	−6
	ATLANTA MARINE D3005（SAE 30）	105	11.5	96	6	220	−6
	STLANTA MARINE D4005（SAE 40）	150	14.7	98	6	260	−6
MOBIL 美孚	Mobilgard 300（SAE 30）	110	12.1	97	5	265	−12

续表 3-4

公司名称/品牌	油品名称	运动黏度/（mm^2/s）		黏度指数	总碱值/（mgKOH/g）	闪点/℃	倾点/℃
		40℃	100℃				
JX Nippon 新日本石油	Marine S20（SAE 20）	71	9.0	100	7	242	−15
	Marine S30（SAE 30）	109	11.8	96	7	268	−12
IDEMITSU 出光	Daphne Marine Oil SS（SAE 30,40,50）				6		
	Daphne Marine Oil SX（SAE 30,40）				12		
	Daphne Marine Oil SY30	185	18.1	180	6		
昆仑	DCC 4006	156	14.5	90	6	238	−15
	DCC 4008	156	14.5	90	8	238	−15
	DCC 3008	103	11.5	90	8	238	−15

第三节 船用中速机油

SINOPEC 长城牌船用中速筒状活塞柴油机油主要有 3030,3040,4012,4025,4030 和 4040 等。以上牌号中前 2 位数字代表该产品的黏度等级，后 2 位数字代表该产品的碱值等级。如船用中速机油 4025,表明该油品符合 SAE 40 的黏度等级要求及 25 的碱值等级要求。

该系列产品由石蜡基矿物基础油和精选的多种高性能添加剂调制而成。其适用于燃烧不同硫含量燃料的船用中速筒状活塞柴油发动机或柴油发电机组的润滑，也可用于艉轴和低负荷齿轮传动设备等辅助设备的润滑。

一、性能特点

该产品具有优异的酸中和能力，能够有效抑制因含硫燃料燃烧而产生的酸性物质腐蚀，并在较长的换油周期内对发动机提供有效保护；优良的抗氧化性及热稳定性，降低油品的氧化速度，抑制氧化产物的生成，延长使用时间；良好的清净分散性，有效防止高温积炭的产生，并将油泥分散成微小颗粒悬浮在油中，保持发动机清洁；良好的分水性能，能迅速将进入油中的水分分离，避免油品乳化；优良的防锈性能和抗腐蚀性能，防止机件的锈蚀和腐蚀，保护发动机。

二、应用推荐

船用中速机油 3012 和 4012 适用于燃烧硫含量约 0.5%燃料的中速筒状活塞柴油发动机的润滑，4025 适用于燃烧硫含量约 2%~2.5%燃料的中速筒状活塞柴油发动机的润滑，3030 和 4030 适用于燃烧硫含量约 2.5%~3.5%燃料的中速筒状活塞柴油发动机的润滑，3040

和4040适用于燃烧硫含量大于3.5%燃料的中速筒状活塞柴油发动机的润滑。

三、典型数据

长城牌船用中速机油的典型数据见表3-5。

表3-5 船用中速机油的典型数据

产品牌号	总碱值/（mgKOH/g）	运动黏度（100℃）/（mm²/s）	黏度指数	闪点（开口）/℃	倾点/℃
3012	12	11.7	95	228	−12
3020	20	11.3	94	232	−12
3030	30	11.9	93	232	−12
3040	40	11.2	95	230	−12
4012	12	14.7	93	251	−12
4020	20	14.6	93	240	−12
4025	25	14.6	91	258	−12
4040	40	14.5	91	259	−12

四、国内外同类产品

国内外同类船用中速机油产品对照表见表3-6。

表3-6 国内外船用中速机油产品对照表

公司名称/品牌	油品名称	运动黏度/（mm²/s）		黏度指数	总碱值/（mgKOH/g）	闪点/℃	倾点/℃
		40℃	100℃				
SINOPEC长城	船用中速机油4012	150	14.7	93	12	251	−12
	船用中速机油4025	165	14.6	91	25	258	−12
	船用中速机油4030	158	14.4	91	30	263	−12
	船用中速机油4040	144	14.5	91	40	259	−12
FEOSO东方	Feomar 30（SAE 30）	115	12.0	94	12	220	−15
	Feomar 40（SAE 40）	146	14.1	94	12	220	−10
	Sulmar 30（SAE 30）	109	11.8	96	30	220	−15
	Sulmar 40（SAE 40）	143	14.2	96	30	220	−10
	Sulmar 30H（SAE 30）	110	12.1	98	40	220	−15
	Sulmar 40H（SAE 50）	184	14.6	98	40	220	−10
	Sulmar 30V（SAE 30）		11.5	100	50	220	−15
	Sulmar 40V（SAE 50）		14.7	100	50	220	−15

续表 3-6

公司名称/品牌	油品名称	运动黏度/（mm²/s）		黏度指数	总碱值/（mgKOH/g）	闪点/℃	倾点/℃
		40℃	100℃				
AGIP阿吉普	CLADIUM 300（SAE 30）	108	12.0	100	30	225	−21
	CLADIUM 300（SAE 40）	160	16.0	100	30	235	−18
	CLADIUM 400（SAE 30）	108	12.0	100	40	225	−21
	CLADIUM 400（SAE 40）	160	15.7	100	40	235	−18
	CLADIUM 120（SAE 30）	110	12.0	100	12	225	−18
	CLADIUM 120（SAE 40）	169	16.0	100	12	235	−15
	CLADIUM 300S（SAE 30）	87	11.0	112	30	250	−12
	CLADIUM 300S（SAE 40）	135	15.0	112	30	250	−12
	CLADIUM 400S（SAE 30）	87	11.0	112	40	250	−12
	CLADIUM 400S（SAE 40）	135	15.0	112	40	250	−12
	CLADIUM 500S（SAE 40）	135	15.0	112	50	250	−12
BP英国石油	Energol IC-HFX 303	118	11.5		30	>200	−6
	Energol IC-HFX 304	115	13.9		30	>200	−6
	Energol IC-HFX 404	153	13.9		40	>200	−6
	Energol IC-HFX 504		14.0		50	>200	−6
	Energol DS3-153（SAE 30）	120	11.7	84	15	>200	−6
	Energol DS3-154（SAE 40）	155	13.9	83	15	>200	−9
CASTROL嘉实多	MLC 30（SAE 30 ）	103	11.5	98	12	>200	−12
	MLC 40（SAE 40）		14.0		12	>200	−12
	TLX Plus203（SAE 30）		11.5		20	>200	−12
	TLX Plus 204（SAE 40）		14.0		20	>200	−12
	TLX Plus303（SAE 30）		11.5		30	>200	−12
	TLX Plus304（SAE 40）		14.0		30	>200	−6
	TLX Plus403（SAE 30）		11.5		40	>200	−6
	TLX Plus404（SAE 40）		14.0		40	>200	−6
	TLX Plus504（SAE 40）		14.0		50	>200	−6
	TLX Plus554（SAE 40）		14.0		55	>200	−6
CHEVRON雪佛龙	Delo 1000（SAE 30）	110	14.0	102	12	240	−12
	Delo 1000（SAE 40）	135	14.0	100	12	240	−12
	Taro40 XL（SAE 40）	135	14.0	100	40	240	−12
	Taro50 XL（SAE 40）	135	14.0	100	50	240	−12
	Taro20 DP（SAE 30）	95	11.0	102	20	240	−12
	Taro20 DP（SAE 40）	135	14.0	102	20	240	−12
	Taro30 DP（SAE 30）	95	11.0	102	20	240	−12
	Taro30 DP（SAE 40）	135	14.0	102	20	240	−12
TOTAL道达尔	DISOLA M3012（SAE 30）	110	12.0		12	>220	−9
	DISOLA M4012（SAE 40）	145	14.2		12	>220	−9

续表 3-6

公司名称/品牌	油品名称	运动黏度/(mm²/s) 40℃	运动黏度/(mm²/s) 100℃	黏度指数	总碱值/(mgKOH/g)	闪点/℃	倾点/℃
TOTAL 道达尔	DISOLA M3015 (SAE 30)	110	12.0		14	>220	−9
	DISOLA M4015 (SAE 40)	145	14.2		14	>230	−9
	DISOLA M5015 (SAE 50)	230	19.7		14	>240	−9
	DISOLA M3020 (SAE 30)	110	12.0		20	>220	−9
	DISOLA M4020 (SAE 40)	140	14.0		20	>230	−9
	AURELIA TI3030 (SAE 30)	110	11.0		30	>230	−9
	AURELIA TI4030 (SAE 40)	140	14.0		30	>230	−9
	AURELIA TI3040 (SAE 30)	112	12.0		40	>230	−9
	AURELIA TI4040 (SAE 40)	140	14.0		40	>230	−9
	AURELIA TI4055 (SAE 40)	140	14.0		55	>230	−9
IDEM ITSU 出光	Daphne Marine Oil SW30	95	11.4	108	20		
	Daphne Marine Oil SW40	124	13.8	109	20		
	Daphne Marine Oil MV30	112	12.1	97	25		
	Daphne Marine Oil MV40	140	14.3	99	25		
	Daphne Marine Oil SA30	112	12.1	97	30		
	Daphne Marine Oil SA40	139	14.3	100	30		
MOBIL 美孚	Mobilgard 312 (SAE 30)	102	11.2	100	15	366	−9
	Mobilgard 412 (SAE 40)	152	13.6	100	15	272	−9
	Mobilgard M330 (SAE 30)	111	11.2	98	30	266	−9
	Mobilgard M430 (SAE 40)	159	13.6	95	30	272	−9
	Mobilgard M340 (SAE 30)	109	11.2	95	40	266	−9
	Mobilgard M440 (SAE 40)	129	13.6	94	40	272	−9
	Mobilgard M50 (SAE 40)	219	19.4	95	50	282	−9
SHELL 壳牌	Argina T30 (SAE 30)	104	11.8	102	30	212	−18
	Argina T40 (SAE 40)	139	14.4	102	30	225	−18
	Argina X40 (SAE 40)	145	14.6	99	40	205	−18
	Argina X50 (SAE 40)	145	14.6	99	50	205	−18
	Gadinia 30 (SAE 30)	104	11.8	102	12	200	−18
	Gadinia 40 (SAE 40)	139	14.4	102	12	225	−18

续表 3-6

公司名称/品牌	油品名称	运动黏度/（mm²/s）		黏度指数	总碱值/（mgKOH/g）	闪点/℃	倾点/℃
		40℃	100℃				
JX Nippon 新日本石油	Marine T103（SAE 30）	102	11.5	99	13	242	−15
	Marine T104（SAE 40）	115	14.5	98	13	252	−12
	Marine T203（SAE 30）	95	11.0	100	20	252	−15
	Marine T204（SAE 40）	142	14.5	100	20	264	−15
	Marine T303（SAE 30）	94	11.0	102	30	248	−15
	Marine T304（SAE 40）	142	14.5	100	30	264	−15
	Marine T404（SAE 40）	139	14.5	101	40	258	−15
昆仑	DCB 4012（SAE 40）	152	14.5	93	12	240	−12
	DCB 4015（SAE 40）	156	14.6	90	15	238	−15
	DCB 3030（SAE 30）	110	11.5	90	30	238	−12
	DCB 4030（SAE 40）	158	14.4	91	30	238	−15
	DCB 4040（SAE 40）	145	14.5	92	40	238	−15

第四节 船用高速机油

一、航星系列产品

长城牌航星系列产品包括300系列（CD 级别）和500系列(CF-4级别)两大系列。每个系列的产品再根据其黏度的不同分为若干产品。具体分类情况见表3-7。

表3-7 长城牌航星系列产品质量黏度级别对照表

产品牌号	航星540	航星580	航星590	航星330	航星340	航星350	航星360	航星380	航星390
API质量等级	CF-4			CD					
SAE黏度等级	40	15W-40	20W-50	30	40	50	40	15W-40	20W-50

长城牌航星系列产品在满足车用柴油机油相关标准规格的基础上，针对船用高速柴油机油的工作特点，提高其部分性能，从而可完全满足船用高速柴油机的苛刻要求。航星300系列产品满足API CD规格要求，适用于要求使用CD油品的船用高速柴油机或发电机组的润滑；航星500系列产品满足API CF-4规格要求，适用于要求使用CF-4油品的船用高速柴油机或发电机组的润滑。

与普通车用柴油机油相比，长城牌航星系列产品碱值提高，清净分散能力和抗氧化抗磨损性能更加优异，更适合硫含量相对较高燃料的特性。

二、典型数据

长城牌航星系列高速柴油机油的产品典型数据见表3-8。

表 3-8 长城牌航星系列产品典型数据

产品牌号	黏度等级	运动黏度（100℃）/（mm^2/s）	黏度指数	总碱值/（mgKOH/g）	闪点（开口）/℃	倾点/℃
航星 540（CF-4）	40	15.3	98	10.4	235	−12
航星 580（CF-4）	15W-40	15.3	142	10.5	228	−24
航星 590（CF-4）	20W-50	18.1	127	10.5	244	−21
航星 340（CD）	40	14.8	88	8.6	258	−14
航星 360（CD）	40	14.8	89	10.4	258	−14
航星 380（CD）	15W-40	14.4	139	8.6	232	−30
航星 390（CD）	20W-50	19.9	123	8.6	251	−18

三、国内外同类产品

国内外同类船用高速机油产品的对照表见表 3-9。

表 3-9 国内外船用高速机油产品对照表

公司名称/品牌	油品名称（满足 API 质量等级）	黏度等级	运动黏度（100℃）/（mm^2/s）	总碱值/（mgKOH/g）	闪点（开口）/℃	倾点/℃
SINOPEC 长城	航星 580（CF-4）	15W-40	15.3	10.5	228	−24
	航星 590（CF-4）	20W-50	18.1	10.5	244	−21
	航星 360（CD）	40	14.8	10.4	258	−14
	航星 380（CD）	15W-40	14.4	8.6	232	−30
CHEV-RON 雪佛龙	Ursa Marine（CG-4）	15W-40	14.0	9.0	225	−27
	Ursa Extra Duty40（CF/CF-2）	40	14.0	7.3	240	−15
CAS-TROL 嘉实多	MHP 153（CF）	30	11.5	15.0	>200	<−12
	MHP 154（CF）	40	13.5	15.0	>200	<−12
SHELL 壳牌	Sirius 15W-40（CH-4）	15W-40	14.3	10.8	209	−39
	Sirius 30/40（CF）	30,40		7.5		
TOTAL 道达尔	Disola M3010（CD）	30	12.0	10.0	>220	−9
	Disola M3010（CD）	40	14.2	10.0	>230	−9

第五节　船用其他机械设备润滑油

一、液压油

(一)HM 抗磨液压油

SINOPEC 长城牌卓力 HM 抗磨液压油选用深度精制高品质基础油和优质添加剂，采用国际先进技术水平的生产工艺调和而成。该产品性能优异，满足多项国际和 OEM 标准，可广泛用于工业、航运和移动式的液压及传动系统的润滑。该产品按照 40℃运动黏度分为 15，22，32，46，68，100 和 150 等多个牌号。

1. 性能特点

卓力 HM 抗磨液压油产品具有杰出的抗磨损性能，通过了多项液压泵试验。在 Vickers V-104C 叶片泵试验中，其磨损量仅为 15 mg，相当于一般产品的 1/3，能有效延长泵及系统的运转寿命。该产品具有良好的水分离性，使油水迅速分离，避免油品乳化；极好的过滤性，尤其在有水及钙离子等污染物的情况下，可最大限度地减少过滤器堵塞；良好的黏温性及剪切安定性，高温时可以提供有效的润滑保护。该产品已被全球多家液压泵厂认可推荐。

2. 技术规格

卓力 HM 抗磨液压油产品符合以下规格：GB 11118.1（L-HM）；ISO 6743/4（L-HM）；DIN 51524 第二部分；丹尼森 Denison HF-0；辛辛那提 P68，P70，P69；Eaton-Vickers。

3. 应用范围

卓力 HM 抗磨液压油产品可用于液压起锚机、起货机、绞缆机、防摇器、应急消防泵、舱底阀、水密门、天窗和跳板开闭机等设备的液压及传动系统中，也适用于普通负载的齿轮传动装置、轴承及其他工业机械的润滑。其适用压力为 14~21 MPa。

低黏度液压油（ISO 15，22，32）多用于液压系统，高黏度液压油（ISO 46，68，100，150）多用于高负荷设备的液压系统。

4. 注意事项

液压系统在选用液压油时，首先要参考机器设备的推荐用油。在此基础上，还要考虑液压系统的工作环境和系统的工况条件，工况条件主要指温度和压力。系统的工作环境可分为以下 4 种：室内、固定的液压设备，环境温度变化小；露天、寒区或严寒区、行走的液压设备，环境温度变化大；地下、水上的液压设备，环境潮湿；在高温热源和明火附近的液压设备，环境温度高。

除了一定的抗氧防锈性能外，抗磨性能强也是 L-HM 抗磨液压油的特点。例如，在专门的抗磨性能测试中，L-HL 油的磨损量超过 600 mg，而 L-HM 油的磨损量仅略多于 20 mg，其适用于系统压力为 7~21 MPa（约 70~210 kg）的液压系统。L-HV 低温抗磨液压油和 L-HS 低凝抗磨液压油均在 L-HM 抗磨液压油的基础上加强了黏温性和低温流动性。例如，L-HM 油的黏度指数为 100 左右，倾点为−10℃左右；L-HV 油和 L-HS 油的黏度指数可达 130 以上，倾点分别低于−30℃和−40℃，可在寒区或严寒区代替 L-HM 油使用。

液压油品种确定后，还必须确定其使用的黏度。液压油的黏度选择主要取决于启动、系统的工作温度和所用泵的类型。

在液压油选用中经济性是不可缺少的一个重要部分，不能只注重油的价格，而忽视油品的品种和质量。在液压系统运行故障中，选用油不当是一个重要的方面。因此，正确合理地选用液压油对提高液压设备运行的可靠性、延长系统和元件的使用寿命，具有不可忽视的重要作用。

5. 典型数据

长城牌卓力 HM 抗磨液压油产品的典型数据见表 3-10。

表 3-10 长城牌卓力 HM 抗磨液压油产品典型数据

产品名称	黏度等级	运动黏度（40℃）/（mm^2/s）	黏度指数	闪点（开口）/℃	倾点/℃
卓力 HM 抗磨液压油	32	33.3	103	230	−15
	46	45.9	103	240	−15
	68	67.5	104	245	−13

（二）HV 低温抗磨液压油

SINOPEC 长城牌卓力 HV 低温抗磨液压油采用深度精制的高黏度指数基础油和多种优异功能性添加剂，经国际先进技术水平的生产工艺调和而成。该产品按照 40℃运动黏度分为 15，22，32，46，68，100，150 和 220 等牌号。

1. 性能特点

长城牌卓力 HV 低温抗磨液压油完全秉承了长城牌 HM 抗磨液压油的高抗磨品质，比 HM 油具有更优异的高、低温性能，可提供优秀的低温启动性能、低温流动性能和高温保护，其抗乳化性能更优，能有效延长油品的使用寿命；还具有优异的黏温性能、剪切安定性和氧化安定性，黏度变化小，使液压系统工作更平稳；优良的抗磨性能和防锈、防腐性能，能延长液压设备的使用寿命；抗泡性、空气释放性和抗乳化性良好，减少液压系统被空气、水污染而造成油品老化的概率；优异的密封件适应性，有效防止油品泄漏。

2. 技术规格

长城牌卓力 HV 低温抗磨液压油产品符合以下规格：GB 11118.1-94（L-HV）；ISO 6743/4（L-HV）。

3. 应用范围

长城牌卓力 HV 低温抗磨液压油产品适用于露天、寒区及环境温度变化大或工况苛刻的中、高压液压系统。

4. 典型数据

长城牌卓力 HV 低温抗磨液压油产品的典型数据见表 3-11。

表 3-11 长城牌卓力 HV 低温抗磨液压油产品典型数据

产品名称	黏度等级	运动黏度(40℃)/(mm^2/s)	黏度指数	闪点(开口)/℃	倾点/℃
卓力 HV 低温抗磨液压油	32	33.4	180	231	−39
	46	48.7	165	240	−37
	68	70.5	213	238	−35

(三)HS 低凝抗磨液压油

SINOPEC 长城牌卓力 HS 低凝抗磨液压油采用深度精制的高黏度指数基础油和多种优异功能性添加剂，经国际先进技术水平的生产工艺调和而成。它比 HV 低温抗磨液压油的低温性能更好，特别适用于冬季严寒地区户外作业机械的润滑。该产品按照 40℃运动黏度分为 10,15,22,32 和 46 等牌号。

1. 性能特点

长城牌卓力 HS 低凝抗磨液压油的性价比高，可完全替代同级别的 HM，HV 及国外进口低温液压油产品。与 HM 及 HV 相比，长城牌卓力 HS 低凝抗磨液压油具有更优异的高、低温性能，可以提供卓越的低温启动性能、低温流动性能和高温保护，抗乳化性能更优，能有效延长油品的使用寿命；还具有优异的黏温性能、剪切安定性和氧化安定性，黏度变化小，使液压系统工作更平稳；优良的抗磨性能和防锈、防腐性能，延长液压设备的使用寿命；抗泡性、空气释放性和抗乳化性良好；优异的密封件适应性，有效防止油品泄漏。

2. 技术规格

长城牌卓力 HS 低凝抗磨液压油产品符合以下规格：GB 11118.1-94（L-HS）。

3. 应用范围

长城牌卓力 HS 低凝抗磨液压油产品特别适用于在冬季严寒地区户外作业、环境温度变化较大或工况苛刻的中、高压液压系统，如工程机械、船舶等的液压系统。

4. 典型数据

长城牌卓力 HS 低凝抗磨液压油产品的典型数据见表 3-12。

表 3-12 长城牌卓力 HS 低凝抗磨液压油产品典型数据

产品名称	黏度等级	运动黏度（40℃）/（mm²/s）	黏度指数	闪点（开口）/℃	倾点/℃
卓力 HS 低凝抗磨液压油	22	21.3	150	222	−53
	32	31.4	204	224	−48
	46	45.8	213	238	−43

（四）国内外液压油产品

国内外液压油产品见表 3-13。

表 3-13 国内外液压油产品一览表

公司名称/品牌	油品名称	黏度等级	运动黏度/（mm²/s）		黏度指数	闪点（开口）/℃	倾点/℃
			40℃	100℃			
SINOPEC 长城	卓力 HM 抗磨液压油	32	33.3		103	230	−15
	卓力 HM 抗磨液压油	46	45.9		103	240	−15
	卓力 HM 抗磨液压油	68	67.5		104	245	−13

续表 3-13

公司名称/品牌	油品名称	黏度等级	运动黏度/(mm²/s)		黏度指数	闪点(开口)/℃	倾点/℃
			40℃	100℃			
SINO-PEC长城	卓力 HV 低温抗磨液压油	32	33.4		180	231	−39
	卓力 HV 低温抗磨液压油	46	48.7		165	240	−37
	卓力 HV 低温抗磨液压油	68	70.5		213	238	−35
	卓力 HS 低凝抗磨液压油	22	21.3		150	222	−53
	卓力 HS 低凝抗磨液压油	32	31.4		204	224	−48
	卓力 HS 低凝抗磨液压油	46	45.8		213	238	−43
FEOSO东方	Hydroso Oil 10	10	10.0	2.9	130	150	−32
	Hydroso Oil 22	22	22.0	4.4	109	170	−32
	Hydroso Oil 32	32	32.0	5.7	120	200	−30
	Hydroso Oil 46	46	46.0	7.0	109	205	−30
	Hydroso Oil 68	68	68.0	9.0	107	210	−30
	Hydroso Oil 100	100	100.0	11.4	101	215	−25
	Hydroso Oil 150	150	150.0	15.2	102	220	−25
	Hydroso Oil 220	220	220.0	19.3	99	230	−10
AGIP阿吉普	AGIP ARNICA	15	15.0	3.8	147	180	−36
	AGIP ARNICA	22	22.0	5.0	157	192	−39
	AGIP ARNICA	32	32.0	6.4	157	202	−36
	AGIP ARNICA	46	46.0	8.0	150	215	−36
	AGIP ARNICA	68	68.0	10.7	147	218	−33
	AGIP ARNICA	100	100.0	14.1	143	225	−30
	AGIP OSO	15	14.3	3.3	98	190	−30
	AGIP OSO	22	21.5	4.2	98	195	−30
	AGIP OSO	32	30.0	5.3	100	205	−30
	AGIP OSO	37	37.0	6.1	100	210	−27
	AGIP OSO	46	45.0	6.8	100	212	−27
	AGIP OSO	68	68.0	8.7	98	220	−24
	AGIP OSO	100	100.0	11.1	96	228	−24
	AGIP OSO	150	150.0	14.7	96	238	−24
	AGIP OSO	220	220.0	18.9	96	265	−21
	AGIP OSO	320	320.0	24.0	98	270	−18

续表 3-13

公司名称/品牌	油品名称	黏度等级	运动黏度/（mm²/s） 40℃	运动黏度/（mm²/s） 100℃	黏度指数	闪点（开口）/℃	倾点/℃
CAS-TROL嘉实多	BIOBAR 32	32	32.0	6.1	145	232	−45
	BIOBAR 46	46	47.8	8.2	146	232	−45
	BIOBAR 68	68	68.0	11.0	150	230	−30
	BIOBAR100	100	110.0	15.6	150	230	−30
	AWH-M15	15	15.0	3.8	150	144	−51
	AWH-M32	32	32.0	6.3	150	186	−42
	AWH-M46	46	46.0	8.1	150	186	−39
	AWH-M68	68	68.0	10.9	150	190	−39
	AWH-M100	100	100.0	13.3	130	190	−30
	AWH-M150	150	150.0	17.7	130	190	−30
CHEV-RON雪佛龙	Rando HDZ	15	15.0	3.8	151	150	−52
	Rando HDZ	22	22.0	5.0	165	165	−48
	Rando HDZ	32	32.0	6.3	155	200	−48
	Rando HDZ	46	46.0	8.6	154	215	−42
	Rando HDZ	68	68.0	11.0	153	225	−39
	Rando HDZ	100	100.0	13.8	139	250	−36
TOTAL道达尔	VISGA 15	15	15.0	3.8	150	160＋	−39
	VISGA 22	22	22.0	5.0	150	180＋	−36
	VISGA 32	32	32.0	6.4	150	200＋	−36
	VISGA 46	46	46.0	8.2	150	210＋	−30
	VISGA 68	68	68.0	11.0	150	210＋	−30
	VISGA 100	100	100.0	14.6	150	220＋	−30
	VISGA 150	150	150.0	19.6	150	230＋	−30
JX Nip-pon新日本石油	液压油 sep	46	43.5	7.2	128	264	−30
	液压油 sep	68	66.7	9.2	114	272	−30
	液压油 se	22	21.8	4.6	133	216	−35
	液压油 se	32	32.2	6.1	139	250	−33
	液压油 se	46	46.0	7.5	129	260	−30
	液压油 se	56	55.7	8.4	126	262	−28
	液压油 se	68	68.2	9.4	115	270	−28

续表 3-13

公司名称/品牌	油品名称	黏度等级	运动黏度/（mm²/s）		黏度指数	闪点（开口）/℃	倾点/℃
			40℃	100℃			
JX Nippon 新日本石油	液压油 wp	32	34.7	6.4	136	246	−43
	液压油 wp	46	45.7	7.5	130	260	−35
	液压油 wp	68	67.5	9.1	110	266	−25
MOBIL 美孚	Mobil Hydraulic AW 32	32	32.0	5.4	95	180	−18
	Mobil Hydraulic AW 46	46	46.0	6.7	95	180	−18
	Mobil Hydraulic AW 68	68	68.0	8.5	95	180	−12
	Mobil Hydraulic AW 100	100	100.0	11.1	95	180	−9
	Mobil Hydraulic AW 150	150	150.0	14.6	95	180	−12
	Mobil DTE 11M	15	15.0	3.7	140	188	−42
	Mobil DTE 12M	22	22.0	3.7	149	188	−48
	Mobil DTE 13M	32	32.0	6.1	141	210	−45
	Mobil DTE 15M	46	46.0	7.9	141	216	−42
	Mobil DTE 16M	68	68.0	10.0	131	218	−45
	Mobil DTE 18M	100	100.0	12.8	124	228	−37
	Mobil DTE 19M	150	150.0	16.6	118	268	−36
	Mobil DTE 21	10	10.0	2.7	98	174	−30
	Mobil DTE 22	22	21.0	4.5	98	200	−30
	Mobil DTE 24	32	31.5	5.3	98	220	−27
	Mobil DTE 25	46	44.2	6.7	98	232	−27
	Mobil DTE 26	68	71.2	8.5	98	236	−21
	Mobil DTE 27	100	95.3	10.9	98	248	−21
	Mobil DTE 28	150	142.8	14.3	98	276	−15
SHELL 壳牌	Tellus 22	22	22.0	4.3	100	204	−30
	Tellus 32	32	32.0	5.4	99	209	−30
	Tellus 46	46	46.0	6.7	98	128	−30
	Tellus 68	68	68.0	8.6	97	223	−24
	Tellus 100	100	100.0	11.1	96	234	−24
	Tellus T15	15	15.0	3.8	150	160	−42

续表 3-13

公司名称/品牌	油品名称	黏度等级	运动黏度/(mm²/s)		黏度指数	闪点(开口)/℃	倾点/℃
			40℃	100℃			
SHELL壳牌	Tellus T22	22	22.0	4.9	150	176	−42
	Tellus T32	32	32.0	6.4	150	170	−42
	Tellus T46	46	46.0	8.2	150	210	−39
	Tellus T68	68	68.0	10.9	150	230	−36
	Tellus T100	100	100.0	14.7	150	176	−30
昆仑	L-HM 32	32	30.7		103	221	−19
	L-HM 46	46	45.6		101	236	−11
	L-HM 68	68	62.3		100	254	−10
	L-HV 32	32	30.9		141	199	−33
	L-HV 46	46	42.4		154	214	−36
	L-HS 32	32	31.3		142	200	−47
	L-HS 46	46	44.9		158	220	−42

二、工业齿轮油

(一)得威 CKT 全合成重负荷工业齿轮油

SINOPEC 长城牌得威 CKT 全合成重负荷工业齿轮油选用合成型超高黏度指数的优质基础油和超级多功能添加剂，经国际先进生产工艺调和而成。其性能达到国际水平，在苛刻环境中表现出矿物油产品难以比拟的优异性能。该产品按照 40℃运动黏度分为 150,220 和 320 等牌号。

1. 性能特点

长城牌得威 CKT 全合成重负荷工业齿轮油具有优异的承载能力、抗磨损性能，能延长设备使用寿命；优异的抗腐蚀、防锈性能，有效抑制部件的腐蚀磨损；优良的清洁度，更加适合高精密设备的润滑；卓越的高、低温性能，苛刻条件下给予设备全方位的保护。

2. 技术规格

长城牌得威 CKT 全合成重负荷工业齿轮油产品符合以下规格：Q/SH303 086-2004；USS 224；AGMA 250.04。

3. 应用范围

长城牌得威 CKT 全合成重负荷工业齿轮油适用于各种重负荷工业齿轮组及其他易引起振动负荷的齿轮，既可用于循环系统，也可用于溅射润滑系统；适用于在重负荷或冲击负荷及低速条件下，以边界润滑为主的齿轮润滑；适用于极端温度条件下的闭式齿轮机械润滑，可在−40℃的低温环境中保证齿轮设备的正常运转。

4. 注意事项

工业齿轮油为酸性液体，不能用储存过碱性物质（如内燃机润滑油）的容器盛放，否则会使齿轮油中的酸性添加剂分解，产生沉淀，影响油品的使用。

工业齿轮油储存过程中应避开水和高温，避免在阳光下暴晒。因为齿轮油中的极压剂遇热易分解，遇水可能会水解成水溶性酸，使油品老化，从而降低油品的极压性能。

首次使用合成型润滑油产品时，应将润滑系统清洗干净，避免合成油与矿物油不相容。

5. 典型数据

长城牌得威 CKT 全合成重负荷工业齿轮油产品的典型数据见表 3-14。

表 3-14 长城牌得威 CKT 全合成重负荷工业齿轮油产品典型数据

产品名称	黏度等级	运动黏度/(mm^2/s)		黏度指数	闪点（开口）/℃	倾点/℃
		100℃	40℃			
得威 CKT 全合成重负荷工业齿轮油	220	25.4	219.3	147	248	−48
	320	33.7	318.6	149	252	−42

(二)得威 CKD 重负荷工业齿轮油

SINOPEC 长城牌得威 CKD 重负荷工业齿轮油由高黏度指数的优质基础油和超级多功能添加剂组成。该产品按照 40℃运动黏度分为 100,150,220,320,460 和 680 等牌号。

1. 性能特点

长城牌得威 CKD 重负荷工业齿轮油具有极好的承载能力,能保证重载齿轮运转顺畅,减少齿面擦伤,有效降低运转噪声;热稳定性好,抗氧化性强,能减少各类有害氧化物的产生;优异的抗腐蚀性能,有效抑制部件的腐蚀磨损;良好的油水分离能力及抗泡沫性,使用周期长。

2. 技术规格

长城牌得威 CKD 重负荷工业齿轮油产品符合以下规格: GB 5903-95(L-CKD);USS 224;AGMA 250.04。

3. 应用范围

长城牌得威 CKD 重负荷工业齿轮油适用于重负荷减速机的润滑。

4. 典型数据

长城牌得威 CKD 重负荷工业齿轮油产品的典型数据见表 3-15。

表 3-15 长城牌得威 CKD 重负荷工业齿轮油产品典型数据

产品名称	黏度等级	运动黏度(40℃)/(mm^2/s)	黏度指数	闪点(开口)/℃	倾点/℃
得威 CKD 重负荷工业齿轮油	100	98.8	99	248	−12
	150	150.0	97	235	−12
	220	217.0	98	242	−9
	320	313.0	96	250	−9
	460	432.0	97	238	−12
	680	662.0	103	246	−12
	1000	1 059.0	114	246	−12

(三)得威 CKE/P 蜗轮蜗杆油

SINOPEC 长城牌得威 CKE/P 蜗轮蜗杆油由高黏度指数的优质基础油和超级多功能添加剂组成，可有效保护传动中有振动和冲击载荷的蜗轮蜗杆副，保证动力有效传递。该产品按照 40℃运动黏度分为 220，320，460，680 和 1000 等牌号。

1. 性能特点

长城牌得威 CKE/P 蜗轮蜗杆油含有性能优异的极压抗磨添加剂，能有效保护有振动和冲击载荷的蜗轮蜗杆副；良好的润滑性，减少传动摩擦造成的能量损失，提高蜗轮蜗杆的传动效率；极佳的抗腐防锈性，对青铜材质更为有效；优良的氧化安定性，延长换油期，降低设备的维护费用；良好的油水分离性和抗泡沫性。

2. 技术规格

长城牌得威 CKE/P 蜗轮蜗杆油产品符合以下规格：SH/T 0094-91(L-CKE/P)。

3. 应用范围

长城牌得威 CKE/P 蜗轮蜗杆油特别适用于铜－钢匹配的、有冲击载荷的重负荷蜗轮蜗杆减速装置，也可用于剧烈运动和高速运转的蜗轮副的润滑。

4. 注意事项

蜗轮蜗杆装置中有铜部件，因此蜗轮蜗杆油与其他齿轮油的最大区别就是不能采用含硫极压剂作为添加剂的主剂，而是采用中等活性的油性剂作为主剂。一般 L-CKE/P 蜗轮蜗杆油的硫含量规定不得大于 1.25%。因为含硫极压剂在边界润滑条件下会与铜反应生成硫化亚铜膜，该膜韧性差，很容易从金属基体上磨掉，导致磨损增大。所以，蜗轮蜗杆油不能用其他工业齿轮油代替，否则可能加速腐蚀磨损，降低蜗轮蜗杆装置的承载能力和使用寿命。蜗轮蜗杆传动以滑动摩擦为主，齿面油膜易被挤掉产生干摩擦，造成机件温度升高，蜗轮磨损。因此要求蜗轮蜗杆油摩擦因数小，油膜强度高。在使用中，油品的摩擦因数小，润滑情况良好，机械效率高，发热量小，油品的温度上升幅度就小。若发现油温异常升高，可以判断油品的润滑性能变差，传动效率下降，应及时采取措施，查找原因，必要时更换新油。

5. 典型数据

长城牌得威 CKE/P 蜗轮蜗杆油产品的典型数据见表 3-16。

表 3-16 长城牌得威 CKE/P 蜗轮蜗杆油产品典型数据

产品名称	黏度等级	运动黏度/(mm^2/s)		黏度指数	闪点(开口)/℃	倾点/℃
		100℃	40℃			
得威 CKE/P 蜗轮蜗杆油	220	19.2	229.6	95	261	−15
	320	24.9	338.6	95	246	−15
	460	32.0	474.4	98	261	−15

(四)国内外工业齿轮油产品

国内外工业齿轮油产品见表 3-17。

表 3-17 国内外工业齿轮油产品一览表

公司名称/品牌	油品名称	黏度等级	运动黏度/(mm^2/s)		黏度指数	闪点/℃	倾点/℃
			40℃	100℃			
SINOPEC 长城	得威 CKT 全合成重负荷工业齿轮油	220	219.3	25.4	147	248	−48
	得威 CKT 全合成重负荷工业齿轮油	320	318.6	33.7	149	252	−42
	得威 CKD 重负荷工业齿轮油	100	98.8		99	248	−12
	得威 CKD 重负荷工业齿轮油	150	150.0		97	235	−12
	得威 CKD 重负荷工业齿轮油	220	217.0		98	242	−9
	得威 CKD 重负荷工业齿轮油	320	313.0		96	250	−9
	得威 CKD 重负荷工业齿轮油	460	432.0		97	238	−12

续表 3-17

公司名称/品牌	油品名称	黏度等级	运动黏度/（mm²/s） 40℃	100℃	黏度指数	闪点/℃	倾点/℃
SINO-PEC长城	得威 CKD 重负荷工业齿轮油	680	662.0		103	246	−12
	得威 CKD 重负荷工业齿轮油	1000	1 059.0		114	246	−12
	得威 CKE/P 蜗轮蜗杆油	220	229.6	19.2	95	261	−15
	得威 CKE/P 蜗轮蜗杆油	320	338.6	24.9	95	246	−15
	得威 CKE/P 蜗轮蜗杆油	460	474.4	32.0	98	261	−15
FEOSO东方	Fisgo 150	150	150.0	15.2	102	220	−15
	Fisgo 220	220	220.0	19.3	99	230	−15
	Fisgo 320	320	320.0	25.0	100	230	−10
	FisgoEP 90	90	188.0	17.0	96	220	−15
	FisgoEP 140	140	505.0	32.0	94	230	−10
AGIP阿吉普	AGIP BLASIA 68	68	64.0	8.2	95	225	−27
	AGIP BLASIA 100	100	100.0	11.8	95	230	−24
	AGIP BLASIA 150	150	141.0	13.9	95	235	−22
	AGIP BLASIA 220	220	220.0	18.7	95	240	−20
	AGIP BLASIA 320	320	300.0	23.0	95	245	−18
	AGIP BLASIA 460	460	460.0	30.9	95	250	−15
	AGIP BLASIA 680	680	627.0	35.4	90	250	−9
	AGIP BLASIA SX100	100	95.8	13.1	135	250	−33
	AGIP BLASIA SX220	220	220.0	23.8	135	250	−33
	AGIP BLASIA SX320	320	316.0	31.0	135	250	−33
	AGIP BLASIA S150	150	152.0	24.6	195	240	−36
	AGIP BLASIA S220	220	230.0	34.0	195	240	−33
	AGIP BLASIA S320	320	320.0	46.3	205	242	−33
CAS-TROL嘉实多	ALPHA ZN150	150	150.0	14.5	95	222	−21
	ALPHA ZN220	220	220.0	18.6	95	228	−9
	ALPHA SP68	68	68.0	8.5	95	240	−21
	ALPHA SP100	100	100.0	11.1	95	249	−21
	ALPHA SP150	150	150.0	14.5	95	249	−21
	ALPHA SP220	220	220.0	18.7	95	249	−21
	ALPHA SP320	320	320.0	24.0	95	255	−21
	ALPHA SP460	460	460.0	30.5	95	255	−6
	Alphasyn HG	100	100.0	14.3	150	270	−51
	Alphasyn HG	150	150.0	19.8	150	270	−42

续表 3-17

公司名称/品牌	油品名称	黏度等级	运动黏度/(mm²/s)		黏度指数	闪点/℃	倾点/℃
			40℃	100℃			
CASTROL 嘉实多	Alphasyn HG	220	220.0	26.7	150	270	−42
	Alphasyn HG	320	320.0	34.6	150	270	−36
CHEVRON 雪佛龙	Meropa	68	68.0	8.6	96	225	−30
	Meropa	100	100.0	11.2	97	230	−27
	Meropa	150	150.0	14.5	95	230	−24
	Meropa	220	220.0	18.8	95	240	−21
	Meropa	320	320.0	24.0	95	240	−21
	Meropa	460	460.0	30.3	95	250	−15
	Meropa	680	680.0	37.5	90	250	−15
	Pinnacle Marine Gear	220	200.0	21.2	126	250	−45
TOTAL 道达尔	CARTER SH 220	220	220.1	26.2	152	237	−36
	CARTER SH 220	320	313.8	34.6	155	233	−30
	ELF EPONA SA 220	220	227.0	26.6	150	250 +	−45
	ELF EPONA SA 320	320	326.0	35.0	150	260 +	−42
	ELF EPONA Z 68	68	68.0	8.7	100	220 +	−21
	ELF EPONA Z 100	100	100.0	11.3	98	220 +	−21
	ELF EPONA Z 150	150	150.0	14.7	96	230 +	−18
	ELF EPONA Z 220	220	220.0	19.1	95	230 +	−15
	ELF EPONA Z 320	320	320.0	24.0	95	230 +	−12
	ELF EPONA Z 460	460	460.0	30.3	95	240 +	−12
JX Nippon 新日本石油	工业齿轮油合成型	68	70.6	10.9	144		<−45
	工业齿轮油合成型	100	97.6	13.8	144		<−45
	工业齿轮油合成型	150	150.0	19.3	146		<−45
	工业齿轮油合成型	220	229.0	26.5	148		<−45
	工业齿轮油合成型	320	318.0	37.5	168		<−45
	工业齿轮油合成型	460	435.0	48.9	173		<−45
	工业齿轮油合成型	680	690.0	71.3	181		<−45
	工业齿轮油蜗轮蜗杆油 220(N)	220	219.0	20.0	106	250	−15
	工业齿轮油蜗轮蜗杆油 380(N)	380	386.0	29.6	107	260	−13
	工业齿轮油	68	68.5	9.1	109		−25
	工业齿轮油	100	102.0	11.3	97		−23
	工业齿轮油	150	154.0	14.7	95		−20

续表 3-17

公司名称/品牌	油品名称	黏度等级	运动黏度/(mm²/s)		黏度指数	闪点/℃	倾点/℃
			40℃	100℃			
JX Nippon 新日本石油	工业齿轮油	220	228.0	19.4	95		−13
	工业齿轮油	320	328.0	24.5	96		−13
	工业齿轮油	460	456.0	30.4	96		−13
	工业齿轮油	680	694.0	39.9	96		−13
MOBIL 美孚	Mobilgear 626	68	68.0	9.2	98	225	−27
	Mobilgear 627	100	100.0	12.0	98	235	−27
	Mobilgear 629	150	150.0	15.8	98	245	−27
	Mobilgear 630	220	220.0	19.5	98	255	−24
	Mobilgear 632	320	320.0	24.5	97	265	−18
	Mobilgear 634	460	460.0	29.9	96	275	−12
	Mobilgear 636	680	680.0	39.2	90	285	−9
	Mobilgear SHC 220	220	220.0	26.0	150	232	−36
	Mobilgear SHC 320	320	320.0	35.0	155	238	−33
SHELL 壳牌	Omala	68	68.0	8.7	95	193	−21
	Omala	100	100.0	11.4	95	195	−27
	Omala	150	150.0	15.0	95	198	−21
	Omala	220	220.0	19.0	95	204	−18
	Omala	320	320.0	25.0	95	210	−15
	Omala	460	460.0	31.8	95	216	−9
	Omala	680	680.0	34.0	95	220	−9
	Omala HD	68	68.0	10.7	145	225	−57
	Omala HD	150	150.0	19.7	149	238	−54
	Omala HD	220	220.0	25.8	148	245	−48
	Omala HD	320	320.0	33.4	145	242	−45
	Omala HD	460	460.0	45.5	155	240	−42
	Omala RL	220	220.0	29.0	165	265	−40
	Omala RL	320	320.0	41.0	172	276	−40
	Tinela S	220	220.0	34.4	203	298	−39

续表 3-17

公司名称/品牌	油品名称	黏度等级	运动黏度/(mm²/s)		黏度指数	闪点/℃	倾点/℃
			40℃	100℃			
昆仑	CKC 中负荷工业闭式齿轮油	100	102.4			236	<-9
	CKC 中负荷工业闭式齿轮油	150	149.4			245	<-9
	CKC 中负荷工业闭式齿轮油	220	222.1			234	<-9
	CKC 中负荷工业闭式齿轮油	320	320.1			252	<-9
	CKC 中负荷工业闭式齿轮油	460	448.6			246	<-9
	CKC 中负荷工业闭式齿轮油	680	659.8			234	<-9
	CKD 重负荷工业闭式齿轮油	100	99.2		110	244	<-9
	CKD 重负荷工业闭式齿轮油	150	147.3		98	256	<-9
	CKD 重负荷工业闭式齿轮油	220	214.6		95	236	<-9
	CKD 重负荷工业闭式齿轮油	320	346.1		102	262	<-9
	CKD 重负荷工业闭式齿轮油	460	467.6		96	264	<-9
	CKE 蜗轮蜗杆油 CKE 460	460	498.1		94	265	<-10
	CKE 蜗轮蜗杆油 CKE 680	680	659.1		94	267	<-9
	CKE 极压型蜗轮蜗杆油 CKE 460	460	502.2		100	265	<-16
	CKE 极压型蜗轮蜗杆油 CKE 680	680	657.7		102	266	<-13

三、压缩机油

(一)DAB 往复式空气压缩机油

SINOPEC 长城牌 DAB 往复式空气压缩机油由深度精制的矿物基础油和精选添加剂组成，可应用于各种固定或移动式的往复型空气压缩机。该产品按照 40℃运动黏度分为 32,46,68,100,150

和220等牌号。

1. 性能特点

长城牌DAB往复式空气压缩机油具有较好的抗磨损性能,可保护压缩机,延长其使用寿命;优异的热氧化安定性能,确保高温下不产生积炭;良好的防锈、防腐蚀性能,防止气缸、排气阀腐蚀和锈蚀。

2. 技术规格

长城牌 DAB 往复式空气压缩机油产品符合以下规格：GB 12691-90(L-DAB);Q/SH303 085-2004;DIN 51506-85。

3. 应用范围

长城牌DAB往复式空气压缩机油适用于中等负荷、往复式空气压缩机的润滑和密封。

4. 注意事项

往复式压缩机润滑油要根据压缩机排气压力、排气温度等因素来综合选择。压缩机油抗积炭倾向性对压缩机的安全可靠运行至关重要,在实际使用中,压缩机因积炭而发生爆炸的事故屡见不鲜。因此,选用压缩机油时,还要考查产品的老化特性,残炭增值越小越好。

压缩机在使用中要定期检查并清扫排气系统和活塞上的积炭,及时将积炭、油泥等物质除去,以确保压缩机的安全运行。在使用时,要控制润滑油的供油量,在确保润滑的前提下,尽可能降低润滑油的供油量,以便降低积炭。除了压缩空气之外,压缩机若需压缩烃类气体、惰性气体和各种化学活性气体,则对压缩机油有不同要求,在使用之前应咨询润滑油供应商的意见。

5. 典型数据

长城牌DAB往复式空气压缩机油产品的典型数据见表3-18。

表 3-18 长城牌 DAB 往复式空气压缩机油产品典型数据

产品名称	黏度等级	运动黏度(40℃)/(mm^2/s)	闪点(开口)/℃	倾点/℃	老化特性(200℃,空气,Fe_2O_3)	
					蒸发损失/%	康氏残炭增值/%
DAB 往复式空气压缩机油	46	47.7	234	−9	10.51	1.19
	68	70.4	242	−9	9.45	1.46
	100	96.6	280	−9	2.22	1.92

(二)DAH 喷油回转式空气压缩机油

SINOPEC 长城牌 DAH 喷油回转式空气压缩机油是以加氢基础油为原料,加入多种添加剂调和而成的,适用于各种中负荷喷油回转式(螺杆和滑片)空气压缩机的润滑。该产品按照 40℃运动黏度分为 22,32,37 和 46 等牌号。

1. 性能特点

长城牌 DAH 喷油回转式空气压缩机油具有优异的抗氧化安定性,换油期较长;优良的油水分离性能,避免产生乳化现象,降低油耗;优良的抗磨损性能,保护机件,延长压缩机使用寿命;防锈性能好,避免机件锈蚀或腐蚀。

2. 技术规格

长城牌 DAH 喷油回转式空气压缩机油产品符合以下规格:Q/SH303 007-2003。

3. 应用范围

长城牌 DAH 喷油回转式空气压缩机油适用于排气温度小于 100℃和有效工作压力为 800~1 500 kPa 或排气温度为 100~110℃和有效工作压力小于 800 kPa 的回转式(螺杆和滑片)空气压缩机的润滑。

4. 注意事项

喷油回转式空气压缩机油是要求相对较高的特种润滑油品,

不同档次、不同牌号的压缩机油禁止混用。

换油时必须放尽旧油，同时更换滤清器。如果压缩机中油泥不多，装入约 1/2 容量的新油运转 30~60 min 后放净，再加入新油就可使用；如果压缩机中的油泥或积炭较多，则应人工或使用专用的清洁剂清除，再加入新油。

5. 典型数据

长城牌 DAH 喷油回转式空气压缩机油产品的典型数据见表 3-19。

表 3-19 长城牌 DAH 喷油回转式空气压缩机油产品典型数据

产品名称	黏度等级	运动黏度（40℃）/（mm²/s）	闪点（开口）/℃	倾点/℃	D943 试验/h
DAH 喷油回转式空气压缩机油	32	31.5	232	−21	>9 000
	46	44.7	236	−18	>6 000

（三）4502 合成压缩机油

SINOPEC 长城牌 4502 合成压缩机油以合成油为基础油，并加入多种精选添加剂调和而成。该产品按照 40℃运动黏度分为 32，46，68，100 和 150 等牌号。

1. 性能特点

长城牌 4502 合成压缩机油具有优异的高温氧化安定性，使用寿命长达 4 000~8 000 h；具有良好的高、低温性能，低温流动性能优异；高闪点、高燃点，蒸发挥发度低；残炭低，不易结焦，确保压缩机安全；橡胶密封性好，适用于丁腈、氟、硅等橡胶密封件。

2. 技术规格

长城牌 4502 合成压缩机油产品符合以下规格：Q/SH303 102-2004；ISO DAC & DAJ。

3. 应用范围

长城牌 4502 合成压缩机油适用于低、中、高压回转式压缩机及中、小型往复式压缩机的润滑。

4. 注意事项

与矿物油型压缩机油相比，合成油型压缩机油有很多优点。其高温稳定性好，高温下不易生成积炭，使用温度范围宽，倾点低，挥发性小，使用寿命长，可提高设备的利用率、降低维修费用等。合成油主要用于矿物油型压缩机油不能承受的各种苛刻条件下的压缩机。

第一次使用合成油型压缩机油时，须将压缩机清洗干净，避免出现合成油型压缩机油与矿物油型压缩机油不相容的情况。

在使用过程中，合成油型润滑油见光颜色变深属正常现象，不影响使用。

5. 典型数据

长城牌 4502 合成压缩机油产品的典型数据见表 3-20。

表 3-20 长城牌 4502 合成压缩机油产品典型数据

产品名称	黏度等级	运动黏度(40℃)/(mm^2/s)	中和值/(mgKOH/g)	闪点(开口)/℃	凝点/℃	残炭(质量百分比)/%	
						氧化前	氧化后
4502 合成压缩机油	46	46.7	0.20	229	−44	0.02	0.06
	68	69.3	0.17	246	−43	0.06	0.17
	100	101.4	0.19	252	−41	0.05	0.14
	150	149.2	0.18	258	−43	0.08	0.28

(四)国内外压缩机油产品

国内外压缩机油产品见表 3-21。

表 3-21 国内外压缩机油产品一览表

公司名称/品牌	油品名称	黏度等级	运动黏度/（mm²/s）		黏度指数	闪点/℃	倾点/℃
			40℃	100℃			
SINOPEC长城	DAB 往复式空气压缩机油	46	47.7			234	−9
	DAB 往复式空气压缩机油	68	70.4			242	−9
	DAB 往复式空气压缩机油	100	96.6			280	−9
	DAH 回转式空气压缩机油	32	31.5			232	−21
	DAH 回转式空气压缩机油	46	44.7			236	−18
	4502 合成压缩机油	46	46.7			229	
	4502 合成压缩机油	68	69.3			246	
	4502 合成压缩机油	100	101.4			252	
	4502 合成压缩机油	150	149.2			258	
FEOSO东方	Feairco 68	68	68.0	9.0	107	210	−30
	Feairco 100	100	100.0	11.4	101	215	−25
AGIP阿吉普	AGIP ACER	15	15.0	3.3	98	180	−27
	AGIP ACER	22	21.0	4.2	100	202	−21
	AGIP ACER	32	30.0	5.3	106	214	−18
	AGIP ACER	46	44.0	6.8	100	226	−18
	AGIP ACER	68	64.0	8.6	98	238	−18
	AGIP ACER	100	100.0	11.4	95	252	−15
	AGIP ACER	150	141.0	14.4	95	264	−15
	AGIP ACER	220	235.0	19.6	95	270	−15
	AGIP ACER	320	327.0	24.6	95	280	−12
	AGIP ACER	460	477.0	31.4	95	290	−12
	AGIP ACER	680	680.0	37.5	90	300	−9
	AGIP ACER	800	790.0	41.8	90	300	−9
CASTROL嘉实多	Aircol PD 32	32	32.0	5.6	110	216	−27
	Aircol PD 68	68	68.0	8.6	96	222	−15
	Aircol PD 100	100	100.0	11.4	100	243	−12
	Aircol PD 150	150	150.0	15.0	100	246	−12
	Aircol PG 185	185	185.0	35.0	200	260	−30
	Aircol SR 32	32	32.0		137	264	−54

续表 3-21

公司名称/品牌	油品名称	黏度等级	运动黏度/（mm²/s）		黏度指数	闪点/℃	倾点/℃
			40℃	100℃			
CAS-TROL 嘉实多	Aircol SR 46	46	46.0		137	264	−54
	Aircol SN 68	68	67.0	7.6	69	271	−39
	Aircol SN 100	100	95.0	10.1	89	252	−39
CHEV-RON 雪佛龙	Capella HFC	32	32.0	6.0	135	245	−48
	Capella HFC	55	55.0	9.1	145	275	−45
	Capella HFC	100	100.0	11.9	108	290	−42
	Cetus DE	100	95.5	10.1	82	232	−30
	Cetus PAO	46	46.0	7.8	136	230	−59
	Cetus PAO	68	68.0	10.3	138	235	−40
	Compressor Oils EP VDL 100	100	100.0	11.2	97	230	−12
	LPG Compressor Oil		185.0	37.0		250	−30
TOTAL 道达尔	BARELF SM 46	46	46.0	7.6	139	255	<−42
	BARELF SM 68	68	68.0	10.7	147	262	<−42
	DACNIS P 100	100	105.0	11.6		>250	−12
	DACNIS P 150	150	150.0	15.1		280	−24
	DACNIS SH 46	46	46.0		139	255	<−42
	DACNIS SH 68	68	68.0		147	262	<−42
	PRIMERIA LPG 150	150	142.0	26.5	210	>260	−48
JX Nippon 新日本石油	压缩机油 FAIRCOL NS 32	32	30.0	5.6	127		−25
	压缩机油 FAIRCOL RA	32	30.0	5.6	156		−27.5
	压缩机油 FAIRCOL RA	68	38.6	9.2	110		−20
	压缩机油 FAIRCOL SA 100	100	90.2	9.6	79		−40
MOBIL 美孚	Mobil Rarus 827	100	107.0	10.1	66	270	−36
	Mobil Rarus 829	150	158.0	13.2	70	270	−40
SHELL 壳牌	Corena AP 68	68	68.0	8.5		250	−21
	Corena AP 100	100	100.0	10.2		260	−39
	Corena P 68	68	68.0	7.8		235	−33
	Corena P 100	100	100.0	9.2		240	−33
	Corena P 150	150	155.0	12.1		240	−30
	Corena AS 46	46	46.0	8.0	145	235	−33
	Corena AS 68	68	68.0	11.0	148	240	−33

续表 3-21

公司名称/品牌	油品名称	黏度等级	运动黏度/(mm²/s)		黏度指数	闪点/℃	倾点/℃
			40℃	100℃			
昆仑	DAB 空气压缩机油	100	98.5			230	−10
	DAB 空气压缩机油	150	150.7			248	−11
	DAC 空气压缩机油	100	98.8			232	−44
	DAC 空气压缩机油	150	147.1			282	−42
	DAH 回转式空气压缩机油	32	29.2			234	−17
	DAH 回转式空气压缩机油	46	46.0			241	−19

四、冷冻机油

(一)4521 合成烃冷冻机油

SINOPEC 长城牌 4521 合成烃冷冻机油以优质合成油为基础油,加入多种精选添加剂调和而成,适用于以氟利昂或氨为制冷剂的各种制冷压缩机润滑。该产品按照 40℃运动黏度分为 32, 46, 56 和 68 等牌号。

1. 性能特点

长城牌 4521 合成烃冷冻机油与氨制冷剂的互溶性很小,使系统中的油含量少,不影响换热;具有较好的低温流动性,较高的抗氧化性和热化学安定性,对绝缘、密封材料具有良好的适应性,使用寿命长;采用特殊的无酸添加剂,可防止脂肪酸铵盐的生成,杜绝胶质、漆膜和油泥的形成,提高设备的可靠性和效率;具有优良的高、低温性能,保证系统在宽温度范围内正常工作。

2. 技术规格

长城牌 4521 合成烃冷冻机油产品符合以下规格: Q/SH303 175-2004。

3. 应用范围

长城牌 4521 合成烃冷冻机油适用于氨制冷系统的旋转螺杆

式、往复式及旋转叶片式等类型压缩机的润滑，可应用于R12等制冷剂压缩机的润滑，适用温度范围为−60~150℃，短期可达170℃。

4. 注意事项

冷冻机油是一种对质量要求比较严格的高档润滑油产品，在保管和储运过程中要注意分类存放，避免混油。应将其存放在室内，避免阳光暴晒，避免水分和杂质混入。承装冷冻机油的容器最好专用，不得使用生锈或盛放过其他油品的容器。冷冻机油的灌装或容器转换应在干燥和洁净的环境中进行。

全封闭和半封闭制冷压缩机的机体和电机处在同一个机壳内，这种压缩机结构紧凑，密封性好，但由于冷冻机油不可避免地要与电机的绕组和接线柱相接触，因此要求冷冻机油具有优良的绝缘性能，以防冷冻机油在工作电场下被击穿。一般要求其绝缘强度大于25 kV。

使用长城牌4521合成烃冷冻机油前，应清洗整个润滑系统，不宜与其他油品混用。

5. 典型数据

长城牌4521合成烃冷冻机油产品的典型数据见表3-22。

表3-22 长城牌4521合成烃冷冻机油产品典型数据

产品名称	黏度等级	运动黏度(40℃)/(mm^2/s)	黏度指数	闪点(开口)/℃	凝点/℃	水分/10^{-6}	铜片腐蚀(100℃,3 h)/级	绝缘强度/kV
4521合成烃冷冻机油	32	32.8	127	210	<−60	8	1b	35
	46	47.1	129	222	−59	9	1b	35
	56	55.3	130	226	−54	9	1b	35
	68	68.6	130	232	−51	9	1b	35

(二)4523合成冷冻机油

SINOPEC长城牌4523合成冷冻机油以烷基苯合成油为基础油，并加入多种优选添加剂调和而成，适用于以氟利昂或氨为制冷剂的各种回转式制冷压缩机的润滑。该产品按照40℃运动黏度分为32,46,56,68和100等牌号。

1. 性能特点

长城牌4523合成冷冻机油具有优良的低温性能,倾点和氟利昂絮凝点低,低温下无蜡生成,低温流动性较好;有较高的抗氧化性和优异的热化学安定性,使用寿命长;能减少胶质、漆膜和油泥的形成,提高设备的可靠性和效率。

2. 技术规格

长城牌 4523 合成冷冻机油产品符合以下规格: Q/SH303 177-2004。

3. 应用范围

长城牌4523合成冷冻机油适用于各种往复式和旋转式制冷及空调压缩机的润滑,如空调器、冷库等的制冷压缩机;也可用于CFC和HCFC类氟利昂制冷剂及氨类制冷剂压缩机的润滑。

4. 注意事项

使用该系列产品前应清洗整个润滑系统,其不宜与其他油品混用。

5. 典型数据

长城牌4523合成冷冻机油产品的典型数据见表3-23。

表3-23 长城牌4523合成冷冻机油产品典型数据

产品名称	黏度等级	运动黏度(40℃)/(mm^2/s)	黏度指数	闪点(开口)/℃	凝点/℃	絮凝点/℃	中和值/(mgKOH/g)	绝缘强度/kV
4523合成冷冻机油	32	30.8	94	198	−49	−59	0.01	35
	46	46.6	93	198	−49	−58	0.02	35
	56	57.5	93	204	−44	−52	0.02	35
	68	67.1	95	204	−44	−48	0.02	35
	100	103.6	96	216	−38	−44	0.02	35

(三)DRA冷冻机油

SINOPEC长城牌DRA冷冻机油采用精制矿物基础油加以多种精选添加剂调和而成，适用于各种普通制冷压缩机的润滑和密封。该产品按照40℃运动黏度分为15,22,32,46,68和100等牌号。

1. 性能特点

长城牌DRA冷冻机油具有突出的热氧化安定性,长期使用也不会产生有害的沉积物;具有良好的防腐性能,保护金属表面不受腐蚀;具有优异的低温性能,在特别低温的情况下油品仍能保持良好的流动性。

2. 技术规格

长城牌DRA冷冻机油产品符合以下规格:GB 16630-1996。

3. 应用范围

长城牌DRA冷冻机油适用于各类往复式及旋转式制冷压缩机的润滑,也可用于普通冷冻机,冷冻、冷藏设备及空调机的润滑。

4. 注意事项

在向制冷系统中加注新的冷冻机油前要仔细检查制冷设备，确认压缩机内清洁，无残留的加工工艺用油和防锈油。注油时应尽可能减少冷冻机油与空气接触,注油完毕后立刻将储油箱密封。

5. 典型数据

长城牌DRA冷冻机油产品的典型数据见表3-24。

表3-24 长城牌DRA冷冻机油产品典型数据

项目	DRA冷冻机油
黏度等级	46
运动黏度(40℃)/(mm^2/s)	46.9
闪点(开口)/℃	224
倾点/℃	−33
中和值/(mgKOH/g)	0.05
色度	<1.0
残炭/%	0.02
灰分/%	0.008

(四)国内外冷冻机油产品

国内外冷冻机油产品见表 3-25。

表 3-25 国内外冷冻机油产品一览表

公司名称/品牌	油品名称	黏度等级	运动黏度/(mm^2/s)		黏度指数	闪点(开口)/℃	倾点/℃
			40℃	100℃			
SINO-PEC长城	4521 合成烃冷冻机油	32	32.8		127	210	<-60
	4521 合成烃冷冻机油	46	47.1		129	222	−59
	4521 合成烃冷冻机油	56	55.3		130	226	−54
	4521 合成烃冷冻机油	68	68.6		130	232	−51
	DRA 冷冻机油	46	46.9			224	−33
FEOSO东方	Feoref 46	46	46.0	5.9	52	160	−35
	Feoref 68	68	68.0	7.3	50	170	−33
CAS-TROL嘉实多	Icematic 266		29.5	4.1		165	−43
	Icematic 299		55.5	5.9		183	−36
	Icematic SW	22	22.0	4.5	118	240	−60
	Icematic SW	32	32.0	5.5	110	252	−54
	Icematic SW	46	46.0	6.9	107	254	−42
	Icematic SW	68	68.0	8.7	100	260	−39
	Icematic SW	100	100.0	11.4	100	258	−30
	Icematic SW	150	150.0	15.1	100	260	−29
	Icematic SW	220	220.0	6.8	99	288	−26
CHEV-RON雪佛龙	Capella WF	68	68.0	6.8	22	198	−36
	Refrigeration Oil Low Temp 68	68	68.0	6.5	0	190	−42
TOTAL道达尔	DACNIS SE	68	68.0			280	−36
	DACNIS SE	100	110.0			278	−30
	LUNARIA FR 32	32	30.0	4.7		>165	−40
	LUNARIA FR 68	68	68.0	7.0		175	−34
	LUNARIA SK 100	100	100.0	7.9		200	−33
	LUNARIA SK 150	150	150.0	10.3		210	−30
	PLANETELF ACD 22	22	22.7	4.7		250	<-60
	PLANETELF ACD 32	32	34.6	6.0		250	−54
	PLANETELF ACD 46	46	48.6	7.5		250	−45
	PLANETELF ACD 68M	68	70.1	9.9		272	−42
	PLANETELF ACD 100FY	100	100.0	11.3		270	−33

续表 3-25

公司名称/品牌	油品名称	黏度等级	运动黏度/(mm²/s)		黏度指数	闪点(开口)/℃	倾点/℃
			40℃	100℃			
TOTAL 道达尔	PLANETELF ACD 150FY	150	151.0	16.5		272	−33
	PLANETELF ACD 220FY	220	233.0	23.4		274	−30
	BARELF AL 100	100	100.0	7.9		>200	−33
	BARELF AL 150	150	140.0	10.2		>210	−30
	BARELF CH 68	68	69.9	8.9		>250	−36
	BARELF CH 100	100	114.0	11.3		>260	−30
JX Nippon 新日本石油	冷冻机油 ATMOS	22	21.5	3.9			<−55
	冷冻机油 ATMOS	32	30.7	4.7			<−45
	冷冻机油 ATMOS	46	42.0	5.4			<−38
	冷冻机油 ATMOS	68	62.2	6.3			<−35
	Ze-GLES RB32	32	29.3	5.0	91	210	<−40
	Ze-GLES RB68	68	65.6	8.2	90	255	<−40
	3GS		29.5	4.4			<−43
	4GS		55.5	5.9			<−38
MOBIL 美孚	Gargoyle Arctic SHC 226E	68	68.0	10.2	136	266	−45
	Gargoyle Arctic SHC 230	220	220.0	25.0	149	260	−39
	Gargoyle Arctic 300	68	68.0			200	−31
SHELL 壳牌	Clovus AB	32	30.0	4.2		180	−42
	Clovus AB	46	46.0	5.0		180	−42
	Clovus AB	68	68.0	6.0		190	−42
	Clovus AB	100	107.0	7.0		200	−35
	Clovus	32	32.0	4.5		190	−42
	Clovus	46	46.0	5.6		210	−39
	Clovus	68	68.0	7.0		220	−33
	Clovus	100	100.0	8.8		210	−27
	Clovus R	32	32.0	3.0		255	−54
	Clovus R	46	42.0	6.2		245	−48
	Clovus R	68	64.0	8.6		250	−42
	Clovus R	100	93.0	10.9		280	−42

续表 3-25

公司名称/品牌	油品名称	黏度等级	运动黏度/(mm²/s)		黏度指数	闪点(开口)/℃	倾点/℃
			40℃	100℃			
昆仑	DRA/A	46	48.8			165	−33
	DRA/A	68	67.1			185	−26
	DRA/B	46	48.2			180	−30
	DRA/B	68	65.3			190	−28
	DRA/B	100	102.3			200	−12
	DRB/A	12	15.6			152	−45
	DRB/A	22	22.1			162	−45
	DRB/A	32	31.7			175	−40
	DRB/A	46	48.7			180	−36
	DRB/A	56	56.8			185	−30
	DRB/A	68	68.5			190	−30
	DRB/A	100	100.5			195	−25
	DRC/B	22	22.1			165	−47
	DRC/B	32	30.3			170	−40
	DRC/B	56	56.8			190	−30
	DRC/B	100	95.8			210	−30
	DRD	8	7.5			148	−55
	DRD	10	9.3			152	−53
	DRD	15	14.9			156	−50
	ATMOS NM56EP 冷冻机油		57.6	6.0	11	198	−30

五、汽轮机油

(一)威越长寿命极压汽轮机油

SINOPEC 长城牌威越长寿命极压汽轮机油由加氢基础油和多功能添加剂调和而成，具有超凡的极压抗磨性能和极佳的氧化安定性，适用于带齿轮减速装置的汽轮机、工业驱动装置及控制系统的润滑。该产品按照 40℃运动黏度分为 32，46 和 68 等牌号。

1. 性能特点

长城牌威越长寿命极压汽轮机油具有优异的极压和抗磨性能，能有效保护齿轮和轴承，减少维修和更换的费用；极佳的氧化安定性，保证油品具有超长的使用寿命，可以减少因设备换油造成的停工损失；极好的分水性能，快速分离因各种原因进入系统的水分；极佳的防锈性和防腐性，防止设备锈蚀。

2. 技术规格

长城牌威越长寿命极压汽轮机油产品符合以下规格：Q/SH303 062-2004；西门子 TLV 9013 04；Alstom Power HTGD 90117（EP）。

3. 应用范围

长城牌威越长寿命极压汽轮机油适用于要求改善齿轮承载能力的发电机、工业驱动装置、船舶齿轮装置及其配套控制系统的润滑和密封；尤其适合蒸汽—燃气联合发电机组的润滑和密封。

4. 典型数据

长城牌威越长寿命极压汽轮机油产品的典型数据见表 3-26。

表 3-26 长城牌威越长寿命极压汽轮机油产品典型数据

产品名称	黏度等级	运动黏度（40℃）/（mm^2/s）	黏度指数	闪点（开口）/℃	倾点/℃	氧化安定性（D943）/h	FZG 通过级
威越长寿命极压汽轮机油	32	32.2	131	228	−10	5 000 +	10
	46	46.3	120	252	−15	5 000 +	10

（二）威越长寿命汽轮机油

SINOPEC 长城牌威越长寿命汽轮机油由加氢基础油和多功能添加剂调和而成，具有极佳的氧化安定性，能为汽轮机装置提供长时间的保护。该产品按照40℃运动黏度分为32，46和68等牌号。

1. 性能特点

长城牌威越长寿命汽轮机油具有极好的氧化安定性，氧化试验时间高达 10 000 h,可有效延长油品的使用寿命;具有良好的空气释放性、抗泡沫性和抗乳化性,能快速分离因各种原因进入系统的水分,确保润滑良好;极佳的防锈性和防腐性,防止设备锈蚀。

2. 技术规格

长城牌威越长寿命汽轮机油产品符合以下规格：Q/SH303 061-2004;Alstom Power HTGD 90117;Siemens TLV 901304。

3. 应用范围

长城牌威越长寿命汽轮机油适用于电力、大中型船舶及其他工业蒸汽汽轮机组、燃气汽轮机组、水轮机组的润滑和密封。

4. 典型数据

长城牌威越长寿命汽轮机油产品的典型数据见表 3-27。

表 3-27 长城牌威越长寿命汽轮机油产品典型数据

产品名称	黏度等级	运动黏度(40℃)/(mm^2/s)	黏度指数	闪点(开口)/℃	倾点/℃	氧化安定性(D943)/h
威越长寿命汽轮机油	32	32.2	131	228	−10	>10 000
	46	43.6	113	232	−13	>10 000
	68	63.0	112	225	−13	>10 000

(三)TSA 汽轮机油

SINOPEC 长城牌 TSA 汽轮机油由优质深度精制基础油和多功能添加剂调和而成,具有优良的抗氧化安定性和防锈防腐性,在各种汽轮机中应用广泛。该产品按照 40℃运动黏度分为 32,46 和 68 等牌号。

1. 性能特点

长城牌 TSA 汽轮机油具有极好的防锈性和防腐性,可避免设备锈蚀;具有较好的氧化安定性、空气释放性、抗泡沫性和抗乳化性,使用寿命长。

2. 技术规格

长城牌 TSA 汽轮机油产品符合以下规格：GB 11120-89；Siemens TLV 901304；Alstom Power HTGD 90117。

3. 应用范围

长城牌 TSA 汽轮机油适用于电力、大中型船舶及其他工业蒸汽汽轮机组、燃气汽轮机组、水轮机组的润滑和密封，亦可用于一般机械设备或液压系统的润滑。

4. 典型数据

长城牌 TSA 汽轮机油产品的典型数据见表 3-28。

表 3-28 长城牌 TSA 汽轮机油产品典型数据

产品名称	黏度等级	运动黏度(40℃)/(mm²/s)	黏度指数	闪点(开口)/℃	倾点/℃
TSA 汽轮机油	32	33.8	115	200	−7
	46	45.2	102	218	−7
	68	68.9	108	222	−7

(四)注意事项

汽轮机油在储运中使用的储油器、输油管和抽油工具必须保持洁净、干燥。在使用中，要尽可能防止汽轮机组漏气、漏水。应定期将油箱底部的存水和杂质放出，通常每周至少需放 1 次。每次检修后，应将油箱中的油过滤，直到机械杂质符合要求后才能投入使用。

(五)国内外汽轮机油产品

国内外汽轮机油产品见表 3-29。

表 3-29 国内外汽轮机油产品一览表

公司名称/品牌	油品名称	黏度等级	运动黏度/（mm²/s）		黏度指数	闪点（开口）/℃	倾点/℃
			40℃	100℃			
SINO-PEC长城	威越长寿命极压汽轮机油	32	32.2		131	228	−10
	威越长寿命汽轮机油	32	32.2		131	228	−10
	TSA 汽轮机油	32	33.8		115	200	−7
	TSA 汽轮机油	46	45.2		102	218	−7
	TSA 汽轮机油	68	68.9		108	222	−7
FEOSO东方	Turso 32	32	32.0	5.4	105	200	−15
	Turso 46	46	46.0	6.8	102	205	−15
	Turso 68	68	68.0	8.8	102	205	−15
	Turso 100	100	100.0	11.2	100	210	−10
AGIP阿吉普	AGIP OTE 32	32	30.0	5.5	118	220	−15
	AGIP OTE 46	46	45.0	7.1	116	230	−15
	AGIP OTE 68	68	64.0	8.9	114	240	−15
	AGIP OTE 80	80	73.0	9.7	113	245	−15
	AGIP OTE 100	100	100.0	11.9	108	250	−12
CAS-TROL嘉实多	Perfecto T-100	100	96.0	10.8	96	225	−9
	Perfecto T-68	68	68.8	8.6	96	225	−9
	Perfecto T-32	32	32.0	5.3	96	210	−9
CHEV-RON雪佛龙	Regal EP	100	100.0	11.1	96	250	−18
	Rrgal R&O	32	32.0	5.5	110	220	−15
	Rrgal R&O	46	46.0	7.0	110	235	−15
	Rrgal R&O	68	68.0	9.1	110	250	−15
TOTAL道达尔	PRESLIA 68	68	67.4	8.7		240	−9
	PRESLIA 100	100	99.4	11.4		250	−9
	TURBINE T68	68	70.0	9.0		220 +	−15
	TURBINE T100	100	105.0	11.5		230 +	−15

续表 3-29

公司名称/品牌	油品名称	黏度等级	运动黏度/（mm²/s） 40℃	100℃	黏度指数	闪点（开口）/℃	倾点/℃
JX Nippon 新日本石油	汽轮机油	32	32.6	5.5	106	228	−13
	汽轮机油	46	46.4	6.8	102	246	−13
	汽轮机油	56	55.9	7.8	103	250	−13
	汽轮机油	68	67.7	8.6	98	252	−13
	汽轮机油	100	95.2	10.8	97	274	−13
	汽轮机油	150	141.0	14.1	97	282	−13
	汽轮机油 FBK gt32	32	31.9	5.9	131	240	−18
	汽轮机油 FBK sh	32	31.9	5.9	131	230	−18
	汽轮机油 FBK sh	46	46.4	7.4	123	240	−15
	汽轮机油 FBK sh	56	54.2	8.1	118	248	−15
	汽轮机油 FBK sh	68	67.2	9.1	111	258	−13
	汽轮机油 fbk	32	31.9	5.9	131	240	−18
	汽轮机油 fbk	46	45.3	7.3	124	250	−15
	汽轮机油 fbk	56	54.2	8.1	118	260	−15
	汽轮机油 fbk	68	67.2	9.1	111	270	−13
	汽轮机油 fbk	100	99.2	11.5	104	280	−10
MOBIL 美孚	Mobil Jet Oil II		27.6	5.1		270	−59
	Mobil SHC 824	32	31.5	5.9	135	248	<−54
昆仑	L-TSA 抗氧防锈汽轮机油	32	31.3		98	213	−12
	L-TSA 抗氧防锈汽轮机油	46	44.4		101	228	−9
	L-TSA 抗氧防锈汽轮机油	68	67.1		98	252	−11

六、润滑脂产品

SINOPEC 长城牌润滑脂的技术水平、产品线和销量等各方面均处于亚洲领先水平，能为船舶部件提供全方位的润滑服务。长城牌润滑脂产品包括二硫化钼锂基润滑脂、极压锂基润滑脂、极压复合锂基润滑脂、钙基脂、锂基脂、钠基脂、高温脂、合成脂等多个品种、多种牌号，可以按照工作场所的不同特点进行选择。

（一）性能特点

长城牌润滑脂产品黏附性好，安定性优良，能保证密封效果而不产生污染；在储藏和使用中有良好的胶体安定性；具有良好的抗氧化安定性，能长期使用；抗水性能优异，工作场合遇水时，仍能保持良好的润滑效果；良好的导热性和抗磨性，有效保护设备。

（二）注意事项

润滑脂的包装应当密封良好，避免水分、灰尘的侵入和润滑脂的氧化变质。搬运和装卸润滑脂时，应尽量轻取轻放，最好是竖立，避免过重地摔碰，也不要沿桶的边缘滚动。润滑脂应尽可能在室内存放，避免日晒雨淋，暂无室内储存条件的，也应采取防风雨等措施。润滑脂使用后应当抹平，防止析油。不同类别的润滑脂不能混合使用，不能加热熔化后使用。

（三）典型数据

长城牌部分润滑脂产品的典型数据见表3-30。

表3-30 长城牌部分常用润滑脂产品典型数据

产品名称		工作锥入度/（0.1 mm）	滴点/℃	延长工作锥入度（10万次）/（0.1 mm）	钢网分油（100℃，24 h）/%	极压性能（四球法）		极压性能（梯姆肯法）OK值/N	相似黏度（−10℃，$10s^{-1}$）/（Pa·s）
						PB值/N	PD值/N		
极压锂基润滑脂	00号	417	173	432		618		156	58
	0号	378	178	397		618		156	80
	1号	325	178	338		784		178	221
	2号	282	196	291	3.2	784		178	490
极压复合锂基润滑脂	1号	328	280	5.11			3 089	156	185
	2号	274	280	8.76			3 923	156	488
	3号	245	280	8.94			3 923	156	820
二硫化钼极压锂基润滑脂	1号	329	193	350	5.6	618			
	2号	276	196	291	3.4	618			
	3号	236	203	264	1.2	618			

第四章　润滑油的管理

在确保油品质量等级和黏度等级满足柴油机使用要求的前提下,可以使用不同厂家生产的或牌号不同的润滑油,但最好不要混用。在柴油机运转时,应经常检查油底壳内润滑油的液面高度。若液面过低,则会由于油量不足而导致油温过高;液面过高,易引起窜油,使润滑油消耗增加。这些都会影响柴油机的正常使用。启动柴油机前,应先启动润滑油泵进行预润滑,在确信润滑油已达到各润滑点后,方可启动柴油机。

应按照柴油机说明书的要求,定期对润滑油滤清器进行清洗和保养,以确保润滑油的压力和清洁度。定期采集油样送检化验,一方面了解在用润滑油的质量变化,另一方面可根据化验结果分析故障和排除故障。

第一节　润滑油储存和运输的管理

润滑油的储存、运输以及分配过程,必须保持清洁,随时防止水分、杂质及污物进入油内。无论发油人员、运油人员,还是收油人员,对此都应注意。润滑油在制造过程中,都经过精密品质管理,装桶前,桶内部都要一一灯光检查,装满后封盖。在加入机械前,仍需检查确保清洁,在工厂油料仓库储存、分装,都应特别小心。与一般的食品和药品不同,润滑油没有严格意义上的储存保质期,因为润滑油的性能比较稳定,只要储存得当,一般不会影响使用。因此,国家并没有规定润滑油的保质期或有效期。尽管如此,用户还是应该特别注意储存条件。

(1)润滑油应在常压及温度不高于60℃的环境下储存、运输和装卸;在明火、热源、火源附近不要搬运、储存和开封。

(2)润滑油的运输容器有桶、罐、储槽、油罐车、仓库和油舱等,容器的材质有碳钢、不锈钢、环氧树脂等。容器不适宜用低密度聚乙烯、天然橡胶等材质,塑料材质容器在使用之前应考虑它的兼容性。

(3)储存搬运时,本着先进先出原则,合理调配润滑油的出入库;保持容器密闭,小心搬运容器;为控制可能的压力释放,缓慢打开封口;储存在遮阴处,通风良好,尽量防止长期直接日晒;露天存放时,做好遮挡保护,防止雨水渗入;堆放时,最底层需要垫木板。露天放置油桶以卧放为宜,每排油桶的两侧用木楔固定,防止其滚动,注意不宜将端面的放油口放在上方。若油桶必须直放时,宜将油桶倒置,使桶口向下;或将桶略微倾斜,放油口在上方,以免雨水积聚于桶面渗入。水对任何润滑油均有不良影响,必须经常检查油桶是否渗漏。

(4)在进行计量或类似操作时,注意在过热条件下,容器顶部空间会聚集一定浓度的有害气体;倒空的容器可能会有产品残留,在没有化学清洗和重新整修前,不要对空桶再利用。

(5)油料仓库必须每日记录进出量,且将存油量与最低油料存量进行比较,一旦存量过少,应采购备用,以免影响库存。采购部门在未得到润滑油部门人员同意前,不可随意更改油料品种。

(6)润滑油因储存不当,油中进入灰尘和水后,可能会出现浑浊和沉淀,此时应立即停止使用。

(7)加油注意事项。负责加油人员应遵守加油督导职责,加油前,检查擦拭并清洁加油工具,防止混入杂质。加油人员应切实遵照加油工作指示,按加油顺序进行加油。注意做好漏油、消防等应急处理措施。

(8)泄漏应急。陆地上溢油时,用沙或土将溢出液体围起,防止扩散,再用泵吸取或适当的材料吸收;也可通过其他方法回收,放置在适当的容器中,遵守当地法规进行处理。溢出到水面时,应警告其他船舶,保持距离,并正式通知港口相关职能部门;尽可能关闭源头，从而减少公害；如果当地政府和环境部门允许，可以采用沉降处理；在非限制水域，可以使用适当的分散剂；对吸收材料的处置也应遵守当地法规。

(9)救护措施。润滑油吸入有害，且刺激皮肤和眼睛。不慎吸入时，应及时呼吸新鲜空气；皮肤接触后，用肥皂和水立即清洗；眼睛接触后，用清水洗 15 min 以上，并进行健康检查；不慎食入，不要诱导呕吐，应进行健康检查。

(10)消防措施。发生火灾时，应做好人员呼吸和眼睛的防护，关闭火源，用泡沫、干粉或水雾灭火，不要用水直接喷射，避免导致沸腾溢出的危险。其燃烧时产生的烟气，含有氧化硫、金属氧化物等有害物质；无爆炸危险。

(11)在环境温度低或发动机停止时，从冷却的储存柜或机体金属隔板生成的冷凝水珠会渗进油中；当环境温度、湿度、含水量适合时，会造成细菌、微生物繁殖，导致润滑油变质失效。

第二节　船用润滑油的使用管理

一、船用气缸油使用管理

在柴油机各运动部件的润滑中，以气缸油的工作条件最为苛刻。首先，气缸油除要满足气缸套、活塞和活塞环之间的润滑和密封要求以及承受多种应力之外，还要承受高温、高压周期性变化的强腐蚀性燃气的冲刷。随着燃油质量的劣化，所含腐蚀性燃气成分的比重加大，对气缸的腐蚀加剧，相应地要求气缸油必须具有足够的碱值，及时中和燃油燃烧所产生的酸性物质。同时，气缸油的高温清净性能、抗腐蚀性能也在逐步提高。

任何事物都具有两面性。性能优越、高黏度和高碱值的气缸油，对于使用管理的要求也相对较高，使用不当就会使气缸内污垢增加，运动部件磨损加剧。据统计，在气缸磨损事故中约有50%以上是由管理不当所造成的。值得指出的是，世界各石油公司往往把销售放在第一位，对产品性能过度宣传。而在产品使用及注意事项上没有向用户认真介绍，投入精力很少，从而造成部分用户因油品使用不当，不但要支付昂贵的油费，还需要支付因运动部件损坏而增加的备件和维修费用，并承担船期损失。

(一)润滑油的选择

根据主机制造厂推荐使用的燃油品种，选择黏度、总碱值适宜的气缸油。气缸油总碱值与所用燃油的硫含量有密切关系，见图4-1，其对应的燃料油品种仅供参考。当燃油硫含量高而气缸油总碱值低时，气缸油不能及时中和燃油燃烧生成的含硫酸性产物，产生低温腐蚀磨损，且随着冷却温度的降低而加剧；反之，气缸油总碱值过高，除本身不经济之外，也会因扫气压力低加剧气缸积垢而增加磨损,同时可能引起碱性腐蚀。

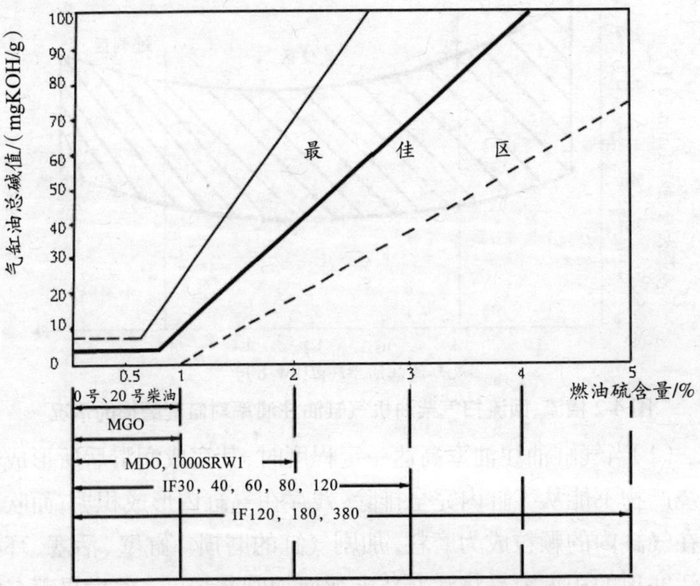

图 4-1 柴油机燃油硫含量与气缸油最佳碱值

(二)气缸油注油率的调整

最佳气缸油注油率是既要保证气缸充分润滑，又要防止过剩或欠缺。就气缸油本身而言，绝非是选择好油品就可以达到预期效果的。从使用管理看，气缸油注油率调整是十分复杂的。注油率调整由气缸运转期间的诸多因素确定,由于实际运行工况复杂,采用燃料不同,管理上也不尽相同,故需针对机器实际运行工况进行适当调整。但注油率并不是多多益善,横流、回流扫气柴油机气缸油注油率对缸套磨损的情况见图 4-2。通常,使用的注油率往往要高于制造厂家推荐值,在管理中应注意以下 2 点。

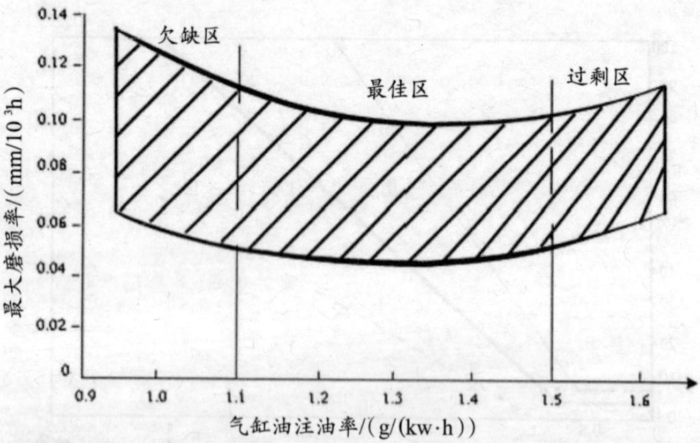

图 4-2 横流、回流扫气柴油机气缸油注油率对缸套磨损的情况

(1)当气缸油注油率高达一定程度时,其完成润滑后所形成的燃烧产物不能从气缸内完全排除,残存在气缸内形成积垢;而吹散留在气缸内的颗粒成为磨料,加剧气缸的磨损。缸壁、活塞、环槽和活塞顶的积垢容易将活塞环卡死而加剧磨损。一些世界著名润滑油公司提供的资料显示,注油率高达一定程度,气缸磨损曲线呈陡峭上升。

(2)当气缸油注油率和冷却剂温度降低到一定程度时,气缸油量不足以形成完整的油膜,或者油膜分布不均,导致机械磨损、腐蚀磨损增大,气缸套、活塞环磨损率上升;而缸套、活塞表面温度低又使气缸油扩展性受到一定影响。

(三)最佳气缸油注油率

最佳气缸油注油率的标准归纳为以下3点。

(1)在活塞整个行程中,应保证缸套内表面有一层均匀不间断的油膜,而且能保持活塞环、活塞和缸套的密封。最关键的是,每个工作行程完成之后,剩余的气缸油及气缸油燃烧产物能留在气缸燃烧室或运动部件表面。在活塞整个行程中,缸套内表面油膜均匀，既无局部积垢又无金属直接摩擦，缸套内表面为油性暗光，不得出现金属摩擦的金属光泽。

(2)活塞环外观明亮，没有拉伤或沟痕，第1道环较干爽，第2道环保持湿润，在第2道环下部应有连续完整的油膜形成。环表面污染并积垢或呈黑色，说明环被卡死甚至已断裂。

(3)活塞环槽没有积垢，活塞环转动灵活，有弹性不被卡死，没有断裂；缸套储油槽及注油口无积垢，储油槽没有磨平，有储油布油功能；气缸的气口、扫气箱没有积垢及残油，扫气箱放残孔畅通。

二、船用系统油使用管理

船用系统油润滑部件多，受污染的范围和途径也多，其污染方式和对应措施如下。

(一)混入新油品

(1)在使用中应尽量维持用同一品种船用系统油，以免出现混合。配方体系不同的2种油可能会互相反应生成沉淀或互不相容而分层。

(2)个别油品常温混兑没有问题，但在高温高压环境中沉淀物增多，易发生滤器堵塞故障。其原因是在常温下2种油品添加剂本来不起反应，而温度、压力升高后则会互相起反应，生成沉淀物，导致油中杂质增加。

(3)在换用新油品前，需在一定温度、时间等条件下将2种油品按不同的比例混兑，要求混兑试验后无沉淀和分层现象。

(二)温度变化

选用适应其工作条件和环境温度变化的润滑油非常关键。日常管理中，由于曲轴箱油冷却器效率下降和环境温度变化等原因，往往导致润滑油压力下降或升高，管理人员应注意其给动力装置带来的影响，避免导致功率输出降低或磨损增加。

(三)燃烧物和固体污染

船用系统油受高温高速燃气冲刷，使轻质馏分挥发，高温燃气中的 SO_2, SO_3 等有害气体进入油中生成酸类，中和油中的碱性添加剂。另外，油中碳氢化合物受高温作用生成积炭附于箱壁或悬浮于油中。燃油、气缸油的不完全燃烧产物——炭粒，以及轴承等运动部件磨损、锈蚀脱落下来的金属屑和曲轴箱内或油柜中脱落的油漆皮等，都是造成船用系统油污染的主要来源，可以通过清洗滤器观察。一旦异常，需要管理人员及时查找原因，清洁曲轴箱底部和系统循环柜。

(四)进水

在管理中，船用系统油进水是常见的问题，分为进海水、淡水2种。海水主要通过冷却器、曲轴箱连接管渗漏进入，或由于船舶机舱污水过多漫过飞轮而进入系统；进淡水主要由缸套(包括活塞冷却水)及喷油嘴冷却水泄漏造成。往往容易忽略的是，冬季机舱温差大，空气湿度高，冷凝水也会进入曲轴箱。

国家标准规定船用系统油含水量不得大于5%。当发现水分异常时，要及时清除，且要立即找到进水来源并堵塞，使进水量不再继续增加。当循环水位、油压变化时，要及时查出原因给予排除。如果船舶正在航行，不允许停船处理，在此紧急情况下，要注意2点：一是控制船用系统油进机温度在允许值下限；二是要将润滑油压力调整在上限，保证乳化和半乳化的润滑油充满运动部件，形成足够油膜。海水进入时，除清除水分外，还须对残留在油中的盐分进行水洗，这种处理必须在油公司专业人员的指导下进行。在短时间内，水分很难通过分油机分离，油会呈灰色乳化状态，有条件时最好将进水的油打入沉淀柜，加温将水沉淀放出。

(五)燃油污染

少量燃油进入船用系统油中是很难避免的，但是进入过多就会使其性能降低，严重时会破坏油膜形成，损坏轴承及运动部件。燃油渗入量大于10%会造成曲轴箱着火，甚至爆炸。通常通过油样化验“闪点”和“黏度”这2个指标加以确认。当重质燃油进入时，因燃油与润滑油之间凝点差异大，应在油公司专业人员指导下，通过冷凝分离及沉淀方法清除。

(六)气缸油污染

气缸油漏入曲轴箱是一种普遍现象，主要是由过高的气缸油注油率或填料函失效造成的。少量气缸油混入船用系统油影响不大，还可继续使用；如果数量过大，尤其是气缸油混入量随着主机运转时间连续增加，就难以控制，最终导致船用系统油黏度增大、总碱值剧增而超过使用标准。气缸油黏度和总碱值较高，而船用系统油黏度和总碱值较低，气缸油混入直接影响其抗氧化等性能，同时也影响主机启动性能。气缸油里还有众多添加剂成分，对主机的轴系有不利影响，如果发现船用系统油总碱值上升过快，一定要找到泄漏的原因，必要时用水洗法，经分油机分离带走油中的碱性物质。

(七)气体和微生物污染

气体污染指高温燃气及空气侵蚀，促使油品过早氧化和蒸发。若油中含有一定淡水，则当空气及温度适宜时，微生物会繁殖增长，消耗掉油中的有机成分，使油发臭变质。

船用系统油的维护保养，直接影响机器运动部件的磨损及油品本身的使用寿命。对分油机、滤器进行良好管理，及时地将油中的固体污染物清除，将水分分离出去，可延长其使用周期。因此船用系统油要定期化验，管理上要密切注意油质变化，以便及时发现问题并加以处理。

三、筒式活塞柴油机机油使用管理

筒式活塞柴油机机油也属于船用系统油的范畴，主要用于筒式活塞柴油机气缸和轴承的润滑，其本身同时具有气缸油和船用系统油 2 种功能。其多用于以重质燃油为燃料的中速四冲程柴油机的润滑，故有时又称为中速柴油机油或四冲程柴油机油。筒式活塞柴油机机油的使用及油品管理要求相对较高，有以下几点特别要求。

（一）总碱值与使用的燃油相匹配

选油要注意其总碱值与所用燃油硫含量相匹配，防止因总碱值不当产生腐蚀磨损及其他不利因素。若使用柴油，则选择 SAE 30 或 SAE 40，TBN 15~25 的机油；若使用 IF120cSt 或 IF180cSt 燃油，则选用 SAE 30 或 SAE 40，TBN 30~40 的机油。

（二）低劣的工况下加强管理

在低劣的工况下，需加强管理，认真地维护润滑油系统，其原因如下：

（1）筒式活塞柴油机机油受污染严重。因为没有十字头函料箱隔离，燃烧产物直接被活塞环刮下进入曲轴箱，机油一方面被高温燃气冲刷，另一方面又带进不完全燃烧产生的炭黑、磨损脱落的金属屑及杂质等，有的金属屑直径大于 4 μm，极易损坏主轴承和运动件表面。良好的机油必须做到认真分离，过滤出机油中的污染物；如果不能及时分离清除进入机油中的污染物，残存在机油中的杂质逐渐增多，机油质量将越来越坏，达不到使用标准。

（2）由于筒式活塞柴油机机油要同时完成气缸和曲轴箱系统润滑的双重任务，其油膜要有抗磨损极压性能，而且又要具备足够的清净分散性以保持机器运动部件清洁。通常含有高抗磨损极压添加剂，便难以满足良好清净分散性的要求，所以机油处理的难度也相应增加。因此，对筒式活塞柴油机机油的分离过滤要求更严格，如果处理不当在短期内就会对机器造成损坏。

四、辅助机械设备用油管理

(一)液压油使用管理

1. 正确选择液压油品种

液压设备本身的性能要求和工作环境决定了液压油的品种。此外,还要考虑其他因素,包括液压泵种类及相关设备,应用的压力及温度、管系、阀门及密封材料,所用液压油的品质、数量、经济性等。

2. 合适的黏度

液压设备中液压油是用作传递动力的,而黏度通常又受工作环境及设备本身性能的影响。黏度不当会出现故障,及时排除故障并维护液压设备正常工作,对提高效率及经济性十分重要。为了维持液压油的正常黏度,现在大多数液压设备都配有冷却装置,以便控制液压油温度在适当范围内。对于没有液压油冷却装置的船舶,由于船舶航线变化,在温差剧烈的情况下,维持油品足够黏度就有一定困难,目前有 2 个解决办法:一是选用高黏度指数的合成油;二是选用黏度高和黏度低的调和液压油,分别在高温地区和低温地区调入用以改善系统黏度,但仅限同一型号可以混用的液压油,否则易混合产生沉淀,影响液压系统工作。高黏度指数的合成液压油往往因为成本昂贵而难以被船东接受。

3. 液压油日常维护保养

即使选用了正确的液压油品种,但如果不进行妥善的维护保养,也会使液压油寿命缩短,设备功率下降。液压设备应用通常比柴油机简单,但是要求甚高。忽视对液压设备液压油的维护保养,必定会出现事故,造成油品变质、设备损坏。液压油日常维护保养有以下要点:

(1)油的数量。油的循环量一定要维持在油柜最低线以上。油位低、数量太少会加速油氧化,油中杂质含量增加,油分子来不及恢复就重新投入使用,加速油品变质,造成使用寿命降低。油污染变质是不能超出规定标准的。油公司要求每 100 mL 油的杂质要低于 7 mg,这些杂质是过滤出来直径大于 4 μm 的微小颗粒。液压油污染的杂质来自多方面,对液压系统造成的影响也很复杂。

(2)油温控制。对有冷却器的液压系统来说,油温控制比较容易解决;而没有冷却器的液压系统,启动前需先打开泵将油打循环。启动初期往往因为黏度高,油压迅速增加,而承受负荷太高,易造成管系爆裂。冬季船舶起货机经常发生管系爆裂,多因启动过急承受重负荷过快造成。

(3)油压。液压油压力正常是传递功率的根本保证。当有空气进入或滤器被堵塞时,油压急剧下降并产生波动;在高温环境下连续运转也常会使油压降低,传递功率减少。此时,可加强冷却或补充些高黏度同型号油品以增加压力。

(4)过滤器保养。液压系统中大都装有磁性过滤器,用于将油中的金属杂质过滤出来。通过定期清洗检查过滤杂质,也可分析判断其杂质来源,以便及时采取处理措施。

实际应用中,液压油的日常保养远远超过以上几点,液压设备的增多,虽然方便使用管理,但同时要求液压设备及液压油管理技术相应提高,不然将造成液压设备不应有的损坏,影响船舶安全。

(二)齿轮油使用管理

(1)由于高黏度齿轮油聚合能力强,运转中容易夹杂着金属磨料,杂质及氧化物易黏附于齿根和齿面,增加磨损,有时也容易将油管阻塞,使供油量减少,严重时供油中断。由于其系统大都没有装备分油机和粗、细滤器,因此要经常检查清除积垢并定期冲洗、换油,始终保证油路畅通及齿轮和齿面的清洁。

(2)注意配套设备油品要求。在一些以中速柴油机为主的船舶中,柴油机大都是通过减速箱与螺旋桨相连接的,有时所用的联轴节是金属摩擦片式,要求的润滑油也是与减速箱一样的齿轮油,但是金属摩擦片之间不允许有齿轮油极压添加剂的存在,否则极易在摩擦片间积垢并使其烧蚀。因此在选择齿轮油时必须要注意配套设备油品的要求。

(3)极压添加剂齿轮油用于金属摩擦片间时易产生积垢,造成剧烈磨损过热,严重时产生火灾引发事故。为安全起见,大都用液压油或主机系统油代替。近年来,由于齿轮油选择不当而发生较多此类事故。

(三)压缩机油使用管理

压缩机油使用时应注意:

(1)在使用前详细了解换油压缩机的使用状况。更换压缩机油时必须放尽旧油,并更换同一品牌、档次的油品。加入新油前,确认油缸干净且无残留旧油或其他品牌油品后方可注入。特别注意温控阀、冷却器等易残留部位的清洁。按压缩机自身规定的油量更换,切勿自行凭感觉减少油使用量。更换完毕后,仔细观察无漏油现象、温度正常后方可离开。

(2)如果油泥不多,装入1/2的新油后,运转15~60 min放净,再装满新油正常运行。如果油泥积炭太多,可拆开油缸后,人工清除油泥和积炭,然后用专用清洗剂清洗,之后必须用干燥空气吹干,再加入清洗油清洗1~2 h后,放净清洗油,最后加入新油正常运行。否则,不仅可能破坏油品添加剂的性能,还可能导致安全事故。

(3)因各压缩机工作环境不同,为符合机器生产商规定的正常条件下压缩机运行的时间,在空气环境较差的情况下应减少油品的工作时间。推荐换油时间不是一个固定值,这是由于设备、环境、机械杂质的影响均可加速油品的老化。换油时应同时更换机油旁路滤清器、机油过滤器、油气分离细滤器和粗滤器过滤元件等,并检查集滤器、空气滤清器、单向阀和温控报警器等是否完好。

(4)应保持正常压缩机的运行温度,切勿低温运行造成油品乳化现象。为防止积炭、结焦,使用过程中(每 300 h)仍要注意观测润滑油的颜色、黏度、油性等,但不能单靠颜色判断油品好坏,因为虽然表面看压缩机油的颜色不变,但添加剂的消耗可能已经超过极限。

(5)压缩机要正确控制给油量及严格控制进气温度。供油量应在保证润滑和冷却的前提下尽量减少。给油过多,不仅浪费油料,还会增加气缸内积炭,使气阀关闭不严,压缩效率下降,甚至引起爆炸;给油过少,润滑和冷却效果差,引起压缩机过热,增大机械磨损。应定期清理排气阀及排气管道内的积炭。

(6)油温过高一定要找到原因,不能为了维持生产而甩掉保护装置。温度过高的一般原因为:油冷却器水管污垢太多或堵塞,油冷却器的温控阀不动作,冷却器效率较低;润滑油老化失效;油温传感器失效,如果使用的是 PLC 控制,不排除集成电路板出现问题;运动件配合不良;环境温度过高;排气压力达不到设定值;进气过滤器小、油气分离器堵塞、进气节流阀不动作或误动作、螺杆内泄漏严重;回油油路不畅、油过滤器堵塞,供油量不足;压缩机转速不够,三角皮带太松,导致气量下降;润滑油质量不好,黏度增长太快等。

(四)冷冻机油使用管理

1. 与制冷剂匹配性

要求冷冻机油与制冷剂相匹配。冷冻机油和制冷剂相互溶解时,要求双方性能都不发生改变,即冷冻机油和制冷剂都能维持其本身独特的使用性能,相互溶解时不能使任何一方失效,二者要相匹配。

以氟利昂为制冷剂的冷冻机不能选用含蜡或加有降凝剂的油品;以二氧化碳为制冷剂的冷冻机不能选用芳烃含量较高的油品;氟利昂制冷机选用较高黏度油,氨制冷机选用较低黏度油;排气温度高、压力大,选高黏度、高闪点油。冷冻机要适当控制给油量,适当补充不能回收的损失量。要按规定的换油时间或有关换油指标及时更换新油。

2. 冷冻机油的维护

冷冻机油要求每年更换1次，换油指标要求甚严，当黏度变化大于20%，杂质含量大于0.1%，或发现油中水含量大于75 mg/kg时，就需立即换油。更换油时要注意检查油路和油箱。平时要注意检查油位变化，注意环境温度及工作负荷对冷冻机油的影响，在冷冻机连续工作时要注意冷冻机油性能的变化，保持冷冻机油品质稳定。

3. 冷冻机油品种更换

改换冷冻机油品种时要根据油性能要求选取相应品种，不能盲目混用或换油，必要时请油公司化验并提出适用品种。即使混兑试验没有问题，换油后，系统里还会有原来品种的油带回冷冻机，因此更换初期要多换几次油。

（五）汽轮机油使用管理

（1）根据汽轮机的类型选择汽轮机油的品种：普通的汽轮机组可选择防锈汽轮机油；减速箱载荷高、调速器润滑条件苛刻的汽轮机组须选择极压汽轮机油；高温汽轮机则须选择高燃点的汽轮机油。根据汽轮机的转速选择汽轮机油的黏度等级，通常在保证润滑的前提下，应尽量选用黏度较低的油品。低黏度的油，其散热性和抗乳化性均较好。

（2）汽轮机油的容器，包括储油缸、油桶和取样工具等必须洁净。尤其在储运过程中，不能混入水、杂质和其他油品。不得用镀锌或有磷酸锌涂层的铁桶及含锌的容器装油，以防油品与锌接触后水解和乳化变质。

（3）新机加油、旧机检修后加油或换油前，必须将润滑油管路、油箱清洗干净，不得残留油污、杂质，尤其是如金属清洗剂等的表面活性剂。正确的方法是先用少量油品把已清洗干净的管路循环冲洗一下，抽出后再进油。每次检修抽出的油品，应进行严格的过滤并经检验合格后，方可再次投入使用。

（4）汽轮机油的使用温度以40~60℃为宜，调节汽轮机油冷却器的冷却水量或供油量，将轴承回油管温度控制在60℃左右。

（5）在机组的运行过程中，要防止漏气、漏水及其他杂质的污染。不定期地将油箱底部沉积的水及杂质排出，以保持油品的洁净。根据具体情况随机对运行中的汽轮机油取样，观察油样的颜色和清洁度，并有针对性地对油样黏度、酸值、水分、杂质、水分离性和防锈性等进行分析，如变化过大，应及时换油。

（六）应急设备用油使用管理

1. 应急设备用油规格

所有应急设备用油大都接近汽车发动机用油，机舱保温条件较好或有空调装置的船舶可用主、副机系统油作润滑油，为便于启动大都选用SAE 30黏度油品。另外，为了保证工作可靠，应付环境温度变化，也可选取10W-30，15W-40多级黏度油品，这样可以保证在温差变化很大的情况下都能顺利启动原动机并保证润滑。作为船舶救生设备的救生艇发动机，由于存放于甲板之上，受环境影响较大，应选用多级黏度指数的10W-30，15W-40油品作为润滑油，以便于随时启动，保持良好的机动性、可靠性。

2. 应急设备用油注意事项

要有高度责任感，加强维护检查。由于应急设备不经常使用，又不影响正常开航，尽管维护检查比较简单，但常常疏于管理。有时检查时才发现油位不足或油已变质（进水），至于何时变质、油位何时变化等，有关轮机人员也不清楚。近年来由于实施了ISM国际安全管理规则体系，加强了船舶管理，应急设备及其润滑油管理也逐步得到重视。

3. 专油专用不得随意更换

（1）应急设备用油要求机动性好、可靠性强，不然就失去应急设备的意义，有时分秒的延误都会给船舶或船员生命安全带来重大灾难。所以，对应急设备特别是驱动这些应急设备的原动机油要求极严,通常这些原动机使用的燃油是柴油和轻柴油,决不能因为燃油轻、质量好而放松对润滑油的管理。应急设备润滑油选用不当造成启动不良或不能正常运转的情况也时有发生。

(2)应急设备选用的润滑油不得随意更换,每次换油后要经过试运转方可确认用油可靠程度。不能擅自换用性能不确定或未经油公司允许的润滑油。

(七)润滑脂产品使用管理

船舶日常工作中,选择润滑脂时应考虑以下几方面。

1. 耐高温润滑脂

目前工业及船舶要求的耐高温润滑脂通常可达150℃,对于燃气轮机及锅炉部位的润滑脂要求能达到200℃,甚至260℃。这些高温部位的润滑脂要求能适应热负荷高、散热条件不好的环境,要求滴点高、挥发性小、热稳定性好、抗疲劳载荷强。

现在,国内外研制的高温润滑脂主要通过抗氧抗腐性能好、安定性强的稠化剂和基础油制作。然而对每一种润滑脂来讲,其性能均不是绝对的,同时具有耐高热、耐低温、耐高压、耐水、防锈等功能是不可能的。其实每一种润滑脂都有一定优缺点,必须根据设备情况有针对性地进行选择。

2. 耐低温润滑脂

耐低温润滑脂主要用于冰机及空调设备。在寒带地区或破冰船上作业的设备要求耐−40℃的低温,因此润滑脂须在−40℃甚至更低温度时仍能保持润滑性能。润滑脂的低温性能主要是由基础油决定的,凝点在−40℃以下时通常要由精炼环烷基基础油或合成油加稠化剂制成。

3. 耐污染润滑脂

润滑脂虽然本身具有一定密封性,但由于润滑脂是定期填充的,数量相对较少而且又不能循环,散热条件差,易氧化,因此在使用中遭受污染的途径甚多。事实上在润滑脂应用中,常因受污染氧化造成润滑性能低或失去润滑性能,导致设备剧烈磨损和损坏。润滑脂的失效与污染有密切的关系，下面简单介绍几个主要污染源和相关注意事项。

(1)受水污染。对于船舶而言,设备润滑脂遭水污染占有相当大的比重。润滑脂受水污染,容易使其组织结构被破坏、纤维断裂而流失,导致润滑性能被破坏;更为严重的是,如进入海水,盐分会积聚在金属表面,迅速发生腐蚀和损坏。所以,选择润滑脂的重要环节是要考虑其耐水性。

(2)受燃油侵蚀或冲刷。用于发动机的辅助机械有时会遭受燃气冲刷，特殊场合也有被其他酸碱或有机溶剂污染的情况。这类物质接触,很快就能稀释溶解润滑脂,促使润滑脂从润滑工作表面脱离流失。因此润滑脂的选用必须考虑耐油性，早年耐油性润滑脂大都是用蓖麻油制造的,近年来多用合成油与硅油、氟油制造,后者还耐燃气冲击,不易氧化变质。

(3)受各种杂质污染。在船舶运输矿粉、煤炭、散装水泥、石灰等的情况下,外界沙粒灰尘极易侵入使润滑脂受到影响,这些杂质统称为固体污染物。一方面这些固体颗粒进入润滑脂形成磨屑破坏润滑;另一方面固体颗粒与润滑脂起反应,生成沉淀物。为了消除其影响,应尽量增加润滑脂层厚度,而采用高黏度基础油加入二硫化钼等润滑剂时能取得较好效果。另一种方式就是经常冲洗清除掉这些固体杂质,重新更换润滑脂。

4. 润滑脂的混用

润滑脂的使用与润滑油一样，通常不要轻易更换固定设备的润滑脂。但是船舶设备不可能固定由一个港口或一个供油商供应,有时不同润滑脂混合会影响锥入度、滴点、润滑性能，在必须进行混合时要了解混合后有无影响，尽量减少混合比例。有关润滑脂之间混用的试验相对较复杂,使用中的工作条件、环境都是千变万化的,模拟条件也不具有代表性。因此,提倡特种脂及复合基润滑脂不要混用。

总之,对润滑脂的应用决不能掉以轻心,许多场合润滑脂起到的作用尚不能用润滑油代替。在润滑脂使用中,要求经常检查更换并予以清洁,尤其现在船舶用润滑脂注射器(俗称牛油枪)加油,一定要按规定加油,注意避免混油,也不要加得过满以免造成过热及剧烈磨损。

五、润滑油使用后的管理

任何机械加油的目的是润滑及减少摩擦。油料经过使用之后,油中的氧化产物、灰分或杂质大大降低油品质量,除无法回收的损耗外,其多可设法回收。在船上,被污染或变质的润滑油,更换后储存在污油柜中,不得外泄和随意处理。一般请废油接收单位回收,并对回收情况进行记录,以备检查。

回收一方面可防止环境污染,另一方面可节约原材料。有时这样作业可能是基于经济上的考虑,经过处理之后再予使用或降级使用。当然,一定要达到机械设备润滑油的使用标准。

废油的处置不适用填埋或经过地方排水系统、下水道天然水系和河流排泄,通常可以在适当的设备中直接燃烧成灰。回收的润滑油中包含的杂质主要有:固体污物,包括外来灰尘、金属磨屑以及其他固体污物;液体污物,包括污染油中的燃油、漏入油中的冷却水或海水等;其他杂质,包括润滑油劣化后形成的酸分、燃油燃烧后生成的酸性物质和炭渣、润滑油氧化后形成的树脂性油泥等。

回收润滑油净化的目的是除去污油中的上述杂质。净化方法除物理方法(静置沉淀法、离心法、过滤法)外,有时兼用化学方法。但一般在润滑油使用工厂,通常只能做到净化,无法处理成为与新油品质完全相同的润滑油。

回收润滑油的应用。经过净化脱水的机油,其品质与新机油仍有一段距离。一般再生机油中仍含有少量的氧化产物等，只有经过严格的检验，才能将其验出。此外，原机油中所含的添加剂多被破坏。所以净化后的机油多降级用作对润滑油要求不高的机械油或切削油。

回收润滑油的再生。通常严重污染的高度氧化油料，应送至专门的加工厂去再生。废油再生包括物理处理过程和化学处理过程，可以把油中悬浮溶解的外来物、老化产物、易老化产物及油中残留的添加剂几乎全部除去。回收油的处理方法有很多种，如Meinken程序法、IFP程序法、BERC程序法和Recyclon程序法等。

第五章　润滑油检测及故障诊断

第一节　润滑油的检测

人们常把机器的润滑系统比作人类的血液系统，其性能的好坏直接关系到机器能否正常运行。润滑油在柴油机中循环流动，其品质的变化和所含杂质的状况可以提示我们零部件磨损的部位、类型和程度。因此与人类的血液一样，润滑油的各项性能指标也能反映出机器的健康状况，为故障诊断提供依据。通常润滑油分析法包括润滑油理化性能检测（经验法、滤纸法和常规化验法）和磨损微粒分析（磁塞法、光谱分析法、铁谱分析法和颗粒计数器法）。根据润滑油理化性能的变化，可以检测船机设备的润滑状态及由此可能引起的故障；根据磨粒分析，可以判断磨损部位和程度，诊断磨损故障。因此，润滑油的分析和检测对机器设备的运营管理有着重要的意义。通常油液监测技术的监测过程包括取油样、理化性能检测和磨粒分析，通过检测数据和分析结果进行故障诊断和发动机状态工况分析。

一、取样

（1）取样点的选择。在确定取样点时，主要考虑所取油样的代表性以及取样的可操作性。对具有众多摩擦副的船用柴油机而言，其最佳取样位置应在润滑油回油管过滤器之前、油液流动比较平稳的地方。

（2）取样周期。取样周期的确定主要受设备的性质、用途、运转阶段和性能的影响。取样间隔时间过长，容易遗漏反映设备故障情况的重要信息；间隔时间过短，则取样和试验分析工作量都太大。对船用柴油机润滑系统每隔 3~4 个月取一次油样进行定量分析,最长不要超过半年,如已发现故障征兆或取得的分析数据异常时,必须考虑增加取样次数,缩短油样分析周期。

二、理化性能分析

(一)经验法

经验法是一种定性简易检测方法。轮机员在日常的轮机管理过程中,经常通过观察润滑油的颜色、闻气味、用手捻搓等了解润滑油的黏度及金属屑、污染物、乳化变质等情况,粗略判断油的质量和摩擦副的磨损程度。通常用洁净的试管接取在用润滑油样品,肉眼观察其状况。若润滑油比较清澈透明,仍接近新润滑油的颜色,则表明污染不严重;若润滑油变得不透明,呈雾状、乳白色,表明润滑油已进水;若润滑油变成灰色,用手捻搓感觉黏滑性下降,且有柴油气味,则表明润滑油已被柴油严重稀释;若润滑油变成黑色,则是混进了燃料不完全燃烧产物,特别是柴油机燃料气体中的烟灰,会使润滑油很快变成深黑色;若在用润滑油出现刺激性气味,则说明润滑油高温氧化。将油样放置一段时间,油中沙粒、金属屑、铁锈等沉淀将析出,仔细观察管底有无沉淀物并用放大镜检查沉淀物的性质,将有助于了解空气和机油滤清器的性能以及柴油机有无异常磨损。

(二)滤纸法

滤纸斑点试验法是测定油品理化性能常用的简易定性分析法。用金属或玻璃棒把刚从机内取出的油样滴1滴在滤纸上,由于不同品质机油中所含杂质数量和粒度不同,清净分散能力不同,所以扩散程度亦不同,于是在滤纸上形成颜色深浅不同的多圈环形斑点。将滴定的斑点图与标准图谱对比分析,就可成为现场分析机油品质的一种简单、快速的方法。如图5-1所示,在用机油斑点图上,一般能散成3个环形斑点,分别称为沉积环、扩散环和油环。

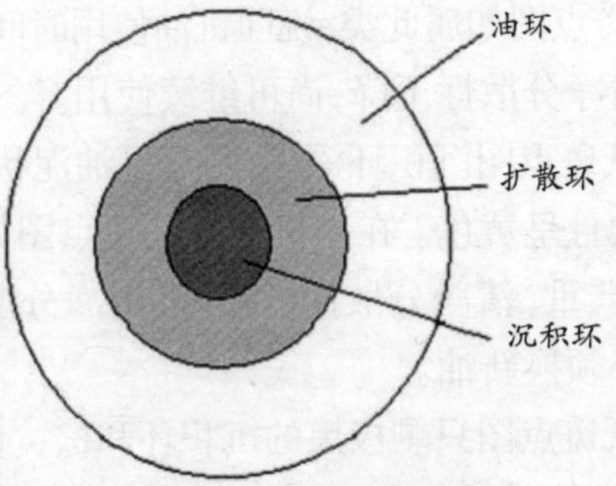

图 5-1 滤纸斑点形态示意图

(1)沉积环。在斑点图中心,是机油内粗颗粒杂质沉积区,从其颜色的深浅可粗略判断机油被污染的程度。

(2)扩散环。在沉积环外围的环带,是悬浮在机油内的细颗粒杂质向外扩散时留下的痕迹。杂质颗粒愈细，扩散愈远且颜色愈浅。扩散环的宽窄及颜色均匀程度，表示机油中污染杂质的分散程度,即机油清净分散剂的消耗程度。

(3)油环。在扩散环外围的环带,颜色由浅黄到棕红,表示机油氧化程度。

标准滤纸斑点图谱分 6 级，以下为每级斑点图的特征和判断方法。

1 级　滤纸斑点图的核心区和扩散环光亮无色或颜色很浅,无明显沉积环。在用机油滤纸斑点图如属此类，说明是新机油或使用时间很短的机油,尚无污染,可继续使用。

2 级　滤纸斑点图的沉积环与扩散环界限分明,扩散环很宽,油环明亮。在用机油滤纸斑点图如属此类，说明机油使用时间不长,污染程度很轻,清净分散性良好,可继续使用。

3 级　滤纸斑点图沉积环暗黑,扩散环较宽,油环明亮。在用机油滤纸斑点图如属此类,说明机油使用时间较久,污染程度较重,但清净分散性尚好,可继续使用。

4级　滤纸斑点图沉积环深黑，扩散环开始缩小，油环浅黄。在用机油滤纸斑点图如属此类，说明机油使用时间很长，污染严重，沉积物增多，清净分散性下降，尚可继续使用。

5级　滤纸斑点图沉积环深黑，甚至呈油泥状、不易干，扩散环狭窄，油环扩大且呈黄色。在用机油滤纸斑点图如属此类，说明机油的污染已很严重，清净分散性已很差，清净分散剂消耗将尽，不能继续使用，必须换新油。

6级　滤纸斑点图只剩极黑的沉积环和棕黄色油环，扩散环完全消失。在用机油滤纸斑点图如属此类，说明机油的污染已十分严重，污染杂质完全凝聚在沉积环内，清净分散剂耗尽，清净分散性消失，早就过了换油期。

滤纸斑点图分析方法比较简单、快速，适合现场作业，并能给人以直观印象，但它只能概略地反映机油品质，无法实现定量分析。

（三）爆裂法

将薄金属片或金属箔加热到110℃以上，在上面滴1滴润滑油，如油爆裂表明有水。此方法虽简单却很灵敏，能检验出0.1%以上的含水量。

（四）黏度比较试验

用同样直径（10 mm）和长度（300 mm左右）的毛细玻璃管2支，一支装在用的机油，另一支装入同类型的新机油，机油装至留有5 mm左右的空隙。封严后，在同温的条件下，同时倒置并记录2支试管中气泡上升至顶部所需的时间，如果二者相差20%~25%，就应更换机油。

（五）常规化验法

常规化验是船机润滑油普遍采用的一种定期定量指标检测方法。主要检验项目有：黏度、闪点、酸值、总碱值、水分和机械杂质等。具体检验方法按有关规定由专门的化验部门进行。根据化验指标的变化情况综合分析在用润滑油的质量，并对摩擦副状态进行粗略判断。常规化验的取样点关系到化验结果的准确性，在确定取样点时，主要考虑所取油样的代表性以及取样的可操作性。对具有众多摩擦副的船用柴油机而言，其最佳取样位置应在润滑油回油管过滤器之前、油液流动比较平稳的地方。其取样周期的注意事项与前述相同。

三、油样磨粒分析

通过监测油样中磨粒的成分、含量、尺寸和形貌等来定性、定量地评价被监测船舶机械和设备的磨损状态，诊断故障的类型、部位、程度和原因，并预测故障的发展趋势。近年来，油液监测技术发展迅速，光谱分析是其中最为成熟、可靠的先进监测技术。

(一)磁塞法

磁塞是一种带有磁性探头的检测器，将其安装到润滑油管路中的适当部位，吸附润滑油中磨损产物、腐蚀产物和疲劳破坏的金属鳞片等。定期取下磁头，收集其捕捉到的金属屑，在光学或电子显微镜下观察金属屑的形貌、尺寸，分析判断故障部位和程度。磁塞分为普通磁塞和电磁塞，其中电磁塞吸附量达到规定值时可自动报警。磁塞法适用于铁磁性材料，磨粒尺寸约为25~400 μm。磁塞法设备简单，成本低，使用方便。

(二)光谱分析法

光谱分析油液中的金属磨粒进行故障诊断的技术是一种应用范围较广、历史较长的诊断方法。光谱分析是利用原子和分子发射或吸收光谱进行物质化学成分和含量分析的物理方法，有原子发射光谱法和原子吸收光谱法2种。由于各种物质的原子和分子都具有自身特定波长的谱线，所以利用光谱的特性进行物质构成的分析是光谱分析的基本原理。油液光谱分析是通过分析润滑油中金属磨粒和污染物微粒的光谱来确定它们的成分和含量，用以评价船机设备和零件的磨损程度及剩余寿命。对于发动机而言，主要的监测元素有铁、铝、铜、铅、锡、铬、镍、钙、钡、锌、磷和硅等。前面7种元素可以反映零件磨损的状况；钙、钡、锌、磷可以反映添加剂和水分的变化；硅可以反映环境污染的影响。因此，油料光谱分析可以快速有效地诊断发动机磨损部位及磨损趋势，分析油品的污染和变质劣化情况。光谱分析的特点是速度快、分析数据准确、适合于大量油样的数据采集，但是该监测技术也有如下局限性：①它适用于5 μm以下的磨粒，对大于5 μm的磨粒一般无能为力；②光谱分析能监测润滑油中所含元素的浓度，反映的是所有摩擦副磨损颗粒累积的含量，而不能反映磨粒的具体尺寸、形貌方面的信息。

（三）铁谱分析法

铁谱分析法是20世纪70年代发展起来的一种新型油液监测技术。它是利用高梯度强磁场将磨损产物微粒和污染物微粒从润滑剂中分离出来，并按其几何尺寸大小依次沉积排列于透明玻璃谱片上，再借助光学或电子显微镜对磨粒和污染物微粒的形貌、成分、尺寸及分布进行定性、定量分析和研究的技术。铁谱分析法有较宽的磨粒尺寸检测范围，可检测0.1~1 000 μm尺寸的磨粒。机器、设备的磨损状态与其产生的磨粒尺寸和数量有直接关系，所以磨粒尺寸是反映机器、设备磨损程度的重要参数。例如，当磨粒尺寸大于5 μm时，表明机器有严重的磨损。

铁谱分析采用的仪器有直读式铁谱仪、分析式铁谱仪和旋转铁谱仪等。各类铁谱仪各具特点和相应的使用范围。直读式铁谱仪操作简单、迅速，可以较快地获得油样中磨粒浓度的分析结果，适于现场使用进行简单诊断。

四、在用油的典型换油指标

柴油发动机的在用油分析是重要的、也许是最简单的诊断发动机是否健康的途径。然而,对于发动机用户和工程师来说,正确理解和解释在用油分析结果以判断发动机及油品的状况,并不是一件容易的事。2011 年,国际内燃机委员会(Conseil International des Machines à Combustion, CIMAC)(注:此为法语)船用油工作组提出"在用油分析推荐"。其中关于中速发动机在用油、高速发动机在用油和在用系统油的典型换油指标见表 5-1 至表 5-3。船用油工作组包括来自原始设备制造商(Original Equipment Manufacture, OEM)、零部件制造商、油公司、船级社和船舶所有人的专家。该新推荐描述油品分析过程和每一项分析参数的信息,并建议合适的测量标准。用户和工程师可以从中得到关于分析的有用知识,有助于准确评价润滑油状况,确保柴油发动机的可靠操作。大多数OEM有自己特殊的油品试验参数限值,并有详细的限值说明。由于这些推荐基于多年成功的使用经验,因此仍被用于对第一现场试验油结果的解释。

表 5-1 中速发动机在用油的典型换油指标

属性		方法	预警值	强制执行值
黏度/(mm^2/s)	40 °C	ISO 3104	> ± 25%	> −25%或 + 45%
	100 °C		> ± 15%	> −20%或 + 25%
碱值/(mgKOH/g)		ISO 3771	< 新油的 60%	< 新油的 50%
水含量(体积百分比)/%		ISO 3733	> 0.2	> 0.4
闪点/°C		ISO 2719	< 190	< 170
戊烷不溶物(质量百分比)/%		ASTM D893B	> 1.5	> 2.0

注:表中数据来自 CIMAC 第二十九号推荐的"中速机润滑指南",使用于 OEM 没有推荐的场合。

表 5-2 高速发动机在用油的典型换油指标

属性		方法	建议值	强制执行值
黏度/(mm^2/s)	40 °C	ISO 3104	>−20%或+25%	>−25%或+30%
	100 °C		>±20%	>±25%
闪点/°C		ISO 2719	<190	<180
不溶物(质量百分比)/%		IP316	2.0~3.0	>3.0
碱值/(mgKOH/g)		ISO 3771	<新油的 60%	<新油的 50%
总酸值/(mgKOH/g)		ASTM D664	>新油+1.5	>新油+3
水含量(体积百分比)/%		ISO 3733	>0.2	>0.3
氧化值/(abs/cm)		FTIR	>15	>25
硝化值/(abs/cm)		FTIR	>15	>25
磨损元素/(mg/kg)		ASTM D5185	OEM 规定	OEM 规定

注:表中数据来自 CIMAC 第二十号推荐的“大型高速柴油发动机的润滑”,使用于 OEM 没有推荐的场合。

表 5-3 在用系统油的典型换油指标

属性	方法	强制执行值
黏度(100 °C)/(mm^2/s)	ISO 3104	<新油−3.0
		>新油+3.5
酸值/(mgKOH/g)	ASTM D664	>新油+2.0
碱值/(mgKOH/g)	ISO 3771 / ASTM D2896	<3.0
		>30
水含量(体积百分比)/%	ISO 3733 / ASTM D1744	>0.2
闪点/°C	ISO 2719 / ASTM D3828	<180
戊烷不溶物(质量百分比)/%	ASTM D893B	>1.5

注:表中数据来自 CIMAC 第十五号推荐,并考虑了 OEM 最新的修改建议;使用于 OEM 没有推荐的场合。

第二节 故障诊断

设备故障诊断技术是20世纪下半期得到迅速发展的一项新技术。随着现代大生产的发展和科技的进步，设备的复杂程度日益提高，如何保证设备的安全运行，已成为十分迫切的问题。设备故障诊断技术是保障设备安全运行的基本措施之一，它能对设备故障的发展作出早期预报，对出现故障的原因作出判断，提出对策建议，避免或减少事故的发生。故障诊断技术的普遍应用将改变设备的维修体制，从现行的“定期维修”向更合理的“视情维修”转变。因此，设备故障诊断技术的应用会带来巨大的经济效益，日益受到国内外的广泛重视。

以前大多是凭人员经验来进行故障诊断的，由于没有特殊的仪器设备对设备故障进行预测和诊断，一旦发生故障就很难及时发现和排除。柴油机是整个船舶动力装置的核心部分，其发生故障就会对船舶的安全性构成威胁。因此，如何指导轮机管理，迅速判断故障发生的原因，并有效地排除故障，对保证船舶的继续正常航行具有特别重要的意义。同时，随着造船技术的进步和远洋运输事业的飞速发展，为满足航运企业低成本、高效率的要求，远洋船舶正日益大型化和智能化，人员配置趋于减少，船舶安全航行更显重要。由于船用柴油机智能程度的提高，机器的维护保养和检修工作越来越复杂，对管理水平的要求随之越来越高。当船舶动力装置发生故障时，如何快速而准确地进行故障诊断定位，迅速恢复动力，是保证船舶在海上安全航行的必备条件。

船舶柴油机故障诊断，就是在柴油机运行状态下或者不解体的情况下，对柴油机的运行状态作出判断。通常包括以下2个方面：①发现故障；②查找故障部位及原因。近年来，故障诊断技术在现代船舶轮机管理中得到广泛应用，为实现无人机舱提供可靠保证。这是因为，船舶柴油机故障诊断具有以下显著作用：

(1)可实现趋势预报，防止发生故障。实现趋势预报，早期预测故障，查找原因，排除主观估计，减少查找故障原因的时间，以提高设备的可靠性和使用效率；增大修理间隔期，提高易损件利用率，延长寿命，降低使用经费；降低船舶轮机人员的劳动强度。

(2)可减少船舶备件费用(据介绍可降低 75%)，且可降低约5%~40%的维修费用。

(3)可保证柴油机始终在最佳状态下运行。利用诊断技术可对柴油机运转状态进行判断，控制排气污染，满足日益严格的新规范要求。

设备故障诊断包括状态监测、分析诊断和故障预测等 3 个阶段。其具体实施过程可归纳为以下 4 个方面：

(1)信号采集。设备在运行过程中必然会有力、热、振动及能量等各种量的变化，由此会产生各种不同信息。根据不同的诊断需要，选择能表征设备工作状态的不同信号，如振动、压力、温度等是十分必要的。这些信号一般是用不同的传感器来获取的。

(2)信号处理。这是将采集到的信号进行分类处理、加工，获得能表征机器特征参数的过程，也称特征提取过程，如对振动信号从时域变换到频域进行频谱分析就是这个过程。

(3)状态识别。将经过信号处理后获得的设备特征参数与规定的允许参数或判别参数进行比较，以确定设备所处的状态、是否存在故障及故障的类型和性质等。为此应正确制定相应的判别准则和诊断策略。

(4)诊断决策。根据对设备状态的判断，决定应采取的对策和措施，同时应根据当前信号预测设备状态可能发展的趋势，进行趋势分析。

根据润滑油使用管理的特点，下面主要介绍润滑油液监测故障诊断法，并辅以其他常用的故障诊断方法，以达到综合运用多种方法全面精确诊断故障的目的。

一、油液监测故障诊断技术

船机故障模式主要有磨损、腐蚀和断裂等，其中磨损失效所占的比例约80%。大量统计数字表明，柴油机故障的85%以上与润滑有关。润滑油中的金属磨粒成分、颗粒大小和数量与摩擦副的工作情况密切相关。通过采集船机设备润滑油样，利用各种分析手段检测油样的性能及其所携带的反映摩擦副技术状态的磨损微粒，获得油样性能参数值及磨粒的成分、尺寸、形貌和数量等信息，可以定性、定量地判断船机设备的磨损状态并预测其发展趋势。因此，采用润滑油油液监测故障诊断技术，实时监测设备的润滑和磨损状况，预测磨损过程的发展，及时发现故障征兆及查明故障产生的原因，并采取相应的解决措施，是一件很有意义的工作。利用润滑油油液监测技术指导设备维修和工况监测是实现设备视情维修的重要手段和可靠保证，因而在各厂矿和交通部门日益受到重视，并被广泛应用。近年来，随着计算机技术的发展，人工智能也被应用到故障诊断中，根据润滑油检测结果，采用基于人工神经网络的模糊聚类分析及支持向量机小样本的方法诊断柴油机磨损故障都取得了较好的效果。

对运输船舶而言，根据船上现有的仪器配备情况和技术手段，对柴油机等船机设备经常、连续地进行油品监测分析可以及时了解设备状态，避免设备故障的发生。表5-4和表5-5分别列出了柴油机在用润滑油常规理化指标变化和光谱、铁谱分析结果与柴油机故障状况的关系。通过对柴油机在用润滑油的定期跟踪监测，可以参照表中的内容对柴油机的润滑管理和视情维修作出合理决策。

表 5-4 润滑油理化指标变化原因及对柴油机工况影响

理化指标的变化	原因	对柴油机工况的影响
黏度上升	柴油机持续高热负荷运行,冷却不良,润滑油出现严重的高温氧化变质;活塞漏气导致燃烧产物及重质燃油混入污染润滑油;油品水分过大,乳化变质;油品使用时间过长,抗氧化剂及清净分散类添加剂消耗过快	润滑油分油机排渣效果不好,机油压力下降,漆膜和积炭增多,堵塞过滤器;供油不足,摩擦阻力增大,润滑不良,导致轴瓦、缸套等零部件的异常磨损
黏度下降	轻质燃油混入:喷油器故障,燃油雾化不良,燃油泄漏;燃油管路密封不良	润滑油膜形成不良,强度下降,零部件磨损增大,导致缸套擦伤、轴瓦失效
闪点降低	燃油混入:喷油器故障,燃油雾化不良,燃油泄漏;燃油管路密封不良	对润滑油系统防火安全性产生影响,并可加速油品氧化变质
水分上升	水分混入:柴油机冷却系统泄漏,密封垫渗漏严重,空转时间过长,冷凝水污染严重;分油机故障,使水分污染润滑油	使油泥增多,油品乳化,油膜难以形成,导致添加剂失效,机油性能下降
总碱值下降	油品氧化严重,柴油机窜气严重;燃油质量不好,硫含量过高,使得燃烧产物中酸性物质过多;碱性添加剂性能不稳定,中和能力差	增大缸套、轴瓦的腐蚀磨损;油品清净分散性能下降,油泥、积炭增多,导致润滑不良,零部件产生黏着擦伤
不溶物上升	柴油机窜气严重,冷却不良,积炭、油泥和粉尘增加;零部件磨损严重,金属磨屑增加;过滤器、分油机工作效果不好	加剧零部件的磨损;使机油滤清性能下降,堵塞滤器及油路

表 5-5 光谱、铁谱分析指标变化原因及对柴油机工况影响

元素及磨粒的变化	原因	对柴油机工况的影响
铁、铬、钼等元素含量上升;钢、铸铁黏着擦伤,磨损颗粒增加	主要来源于缸套、活塞环、凸轮和齿轮等零部件的异常磨损	严重时将导致柴油机拉缸故障(特别是当铸铁擦伤及磨损颗粒尺寸和数量明显上升时)
铜、铅、锡等元素含量上升;巴氏合金、铜合金、轴承合金的黏着擦伤颗粒明显增加	主要来源于曲轴瓦、连杆瓦及有关衬套的异常磨损	严重时将导致烧瓦、曲轴损伤等重大事故(特别是有高温氧化黏着磨损颗粒时)
钙、镁、锌、磷等元素含量明显下降	主要是润滑油添加剂损耗	使润滑油性能劣化,清净分散性能下降,油泥、积炭增加,柴油机零部件润滑不良,磨损加剧
钠、钒、硼等元素含量明显上升	主要是燃油、燃烧产物及冷却水污染润滑油	使柴油机润滑不良,加速零部件的腐蚀和锈蚀

由现代维修科学可知，视情维修是现代预防维修体系中最理想的维修方式，而要实现这一维修方式必须要有工况监测、故障诊断系统为支撑，在各种故障诊断技术中润滑油监测是相对投入少、容易实现且可靠性高的诊断技术。采用润滑油监测技术能为实现视情维修，减少维修费用，缩短维修时间，提高营运效率创造条件。另外，由于采用了润滑油监测技术，实行按质换油制度，各种设备的换油周期得到延长，如处理得当甚至可几年不换油。再者，通过对润滑油的连续监测，可以保证设备得到较好的润滑，从而保证设备有效安全地运行，降低设备故障发生率，大大延长设备的使用寿命，提高设备利用率。因此，坚持在船上实行润滑油状态监测和分析，对船舶轮机管理水平的提高和船舶技术状况的保持有非常重要的现实意义。

二、其他常见的故障诊断方法

(一)性能参数分析法

对整个机械的诊断过程中，一般都是采用柴油机工作过程参数和介质参数来进行间接诊断的，即利用发动机中介质如空气、燃气、润滑油、冷却液等参数来间接判断零件或组件的技术状况。它利用了传热学、热力学、流体力学等理论基础和发动机工作过程的知识，如果加上烟气分析数据配合诊断，效果更好。

在实船上，轮机员通常采用测取示功图的方法对柴油机运行工况进行人工诊断，因为示功图是描述柴油机动力性能的基本手段，它较好地反映了柴油机做出机械功的热力交换过程。所以，长期以来人们一直利用示功图对柴油机工作过程进行综合性的故障诊断。但作为诊断系统，示功图测量难度较大，且传感器昂贵，不利于长期监测。

主要监测对象有：增压器运转性能、活塞环工作状态、气缸润滑和磨损监测、气缸燃烧品质和气缸热负荷监控、喷射系统监控、排气监测等。

1. 活塞环工作状态

传感器为磁电式传感器;安装部位为缸套表面;连续监测活塞环工作状态变化,判断是否卡环、断环。

2. 气缸润滑和磨损监测

检测设备为热电偶;安装部位为缸套表面;连续监测活塞环通过时引起的温度脉冲,如因断油高温引起的温度脉冲值升高。

3. 气缸燃烧品质和气缸热负荷监控

(1)气缸燃烧品质监控:可以测取P-φ图;传感器为电阻应变式传感器、压电石英式传感器。

(2)气缸热负荷监控:检测设备为热电偶;安装部位为气缸盖;连续监测温度变化。

4. 轴承工作状态监测

主轴承运行状态特征为润滑油温度、润滑油分析、机器噪声和振动。

5. 喷射系统监控

(1)可以测取高压油泵泵油时的压力波及喷油器喷射压力。使用的传感器为电阻应变式传感器、压电石英式传感器。

(2)测量喷油器针阀升程。使用的传感器为差动变压器式传感器、差动电感式传感器。

6. 排气监测

通过排气监测确定 NO_x 和 SO_x 成分等。

这种方法理论上研究最多,技术比较成熟,经过实际鉴定,是目前应用最广的方法。

(二)振动噪声分析法

振动噪声法不影响柴油机运行,便于测量,随着信号处理技术的发展，近三十年来得到了很大的发展。测取的信号主要有缸盖表面、机身侧面、主轴承座附近机体振动、扭转振动、噪声信号等。

(1)利用缸盖表面振动进行柴油机故障诊断的主要方法是频谱分析法。通过对柴油机工作过程振动诊断的基础研究，分析爆燃段缸盖振动信号的功率谱，给出喷油提前角偏移、燃油雾化不良、进气压力降低、活塞环和气阀漏气等故障的判别方法。

(2)利用缸体侧面振动信号进行缸套磨损状况故障诊断。

(3)利用主轴承座附近机体外壁振动信号，分析频率分量，有效监测主轴承状态。

(4)利用扭转振动信号进行故障诊断。近年来，扭转振动信号也被用在柴油机故障诊断中，其具有测量设备简单、可靠性好等特点。利用扭转振动信号，采用 BP 神经网络或支持向量机的方法可诊断柴油机单缸熄火或部分燃烧故障，但不能确定故障缸所在位置。

(5)利用噪声进行故障诊断。噪声在人工判断中是主要信号，近年来也被引入到故障诊断之中，用固体声监测法对柴油机进行研究，对信号进行功率谱分析，诊断示功阀漏气、排气阀漏气和油管泄漏等故障。

被测振动参数有 3 种：位移、速度和加速度。以低频测量的是位移或速度参数，旋转轴摆动一般测位移信号；以中频测量的是速度参数，旋转机械振动一般测速度信号；以高频测量的是加速度参数，由轴承或齿轮引起的振动，一般测加速度信号。

不同的检测参数由不同的传感器来测量。位移传感器是用来监测旋转机器运行状态的有效方法，它测定旋转轴的径向和轴向位移。主要的非接触式传感器有电涡流式、电子光学式等。速度计传感器的原理是将被测对象振动的位移、速度或加速度变为电信号，它主要为电磁式传感器，利用电磁感应来实现位移或速度值的测定。加速度传感器的原理是将被测对象振动的加速度变为电信号，它主要为压电式传感器，具有频率高、体积小、重量轻、精度高、适用范围广等特点。

目前常用的噪声测量器设备有声级计、频谱分析器和自动记录仪。

(1)声级计不仅可以单独使用，而且可以与相应的仪器配套使用，以进行频谱分析和振动测量。它由传声器、前置放大器、测量放大器、国际标准频谱计权网络、衰减器、检波电路、平均电路和指示表头等设备组成。

(2)频谱分析器用于测量噪声的频谱特性。它的测量程序为先进行总噪声和振动强度测定，再进行频谱分析。

(3)自动记录仪用于最后记录。一般将其与声级计、频谱分析器联用，可把噪声的级别和频谱特性记录下来。

三、故障诊断专家系统

上述故障诊断方法都是依靠传感器和昂贵的测试设备来进行的。故障诊断专家系统克服了只凭测试技术获得故障症状的局限性，将测试技术、规范要求和专家们的宝贵经验、教训结合在一起，利用计算机人工智能推理判断功能，形成诊断专家系统。它利用大量人类专家的专门知识和方法来解决某些复杂的问题。

(一)专家系统的特点

(1)专家系统能记录和传播诊断专家的珍贵经验，使得少数人类诊断专家的专长不受限制地被有效应用。

(2)专家系统可以吸收不同诊断专家的知识，从而使诊断结果更权威、更全面。

(3)实际工作中应用专家系统，可提高诊断效率，减少大量测试分析设备，取得较大的经济效益。

(二)专家系统的组成

(1)知识库，即收集并整理出的人类专家的知识。

(2)推理机,根据输入的症状,通过故障与症状的相互关系和推理机制,由计算机进行智能的推理判断,最终得出诊断结果。

(3)数据库,用来存储所诊断问题领域内原始特征参数的信息、推理过程中得到的各种中间信息和最终的诊断结果。

(4)解释程序,能对不同信息进行翻译,并对推理过程解释说明。

(5)知识获取程序,能输入、更新、修改知识库中原来的知识。

除上述主要故障诊断技术外,在故障诊断中还常常采用逻辑诊断法和故障树诊断法。随着计算机技术的高速发展和普及,计算机应用于各种故障诊断技术中,对采集的信息进行分析处理、比较、诊断、报警、存储和显示等,从而促进故障诊断技术的发展,出现了各类计算机监测和诊断系统,如振动监测系统、油液监测系统等。

第六章 船用发动机润滑油事故案例

案例一 某船使用劣质润滑油导致副机损坏事故

某吸式挖泥船在唐山市京唐港施工过程中，发电原动机(6135GZ)发生机损事故。当日(2004 年 11 月 25 日)5:00 值班二管轮接班，巡视各部机械设备运转情况一切正常，交接清楚。发电原动机各仪表显示正常，水温为 45℃，机油温度为 68℃，机油压力为 0.14 MPa，转速为 1 500 r/min。5:15，全船突然断电。后经检查发现主发电机第 1 缸连杆小端撞损，与活塞脱离，捣碎机体，撞弯高压泵联接轴，导致主发电机自动停车。

一、设备损坏状况

在对事故机械进行解体拆检、抢修的过程中发现下述问题。第 1 缸：活塞、活塞环、活塞销铜套破碎成若干块，活塞销在机体外约 2 m 处找到，连杆小端撞损，气缸套破损，机体撞破。第 2 和第 3 缸：活塞环槽及活塞均已磨损严重，尤其活塞环“天地面”已磨损成“燕尾榫”状；第 2 缸连杆铜套从油孔处断成 2 段，成为 2 个半圆，第 3 缸铜套断裂，2 个缸铜套均已产生外磨现象，即俗称的“外刷圈”现象，第 2 缸较为严重；连杆铜套内壁和连杆销表面均有漆片状物。其他各缸虽然没有较大的磨损，但是均有漆片状物体贴附在连杆铜套内壁和连杆销的表面上。在清洗机油滤器时发现精滤器(离心式)转子内腔有细小颗粒状杂物堆积。

二、事故原因分析

(1)从对事故机件拆解的过程中看,该机器各运动部件没有发现因缺油、断油等因素而磨损的现象(无烧蚀、无金属粉末),由此可见,事故不是因为润滑油供应不足造成的。

(2)润滑油的使用及质量。2004 年 10 月 23 日,该船停靠码头,准备进行设备保养工作。2004 年 10 月 29 日,调整气门等部件间隙(各运动部件间隙均在允许范围内)及喷油提前角,同时清洗油底壳和润滑油滤清器,准备更换润滑油。2004 年 10 月 31 日,甲方送来 8 桶桶装润滑油,油桶外观破旧不堪、污染严重,且无任何技术数据及质量证明,船方当即取油样 0.5 L。2004 年 11 月 3 日复工至 2004 年 11 月 25 日发生事故,该主发电机仅运转 267 h,所取油样静放一段时间后,瓶底形成约 1 cm 厚的麻酱状沉淀物,后经天津市质检站检测,该润滑油为不合格产品。

(3)劣质润滑油使活塞环“天地面”产生严重磨损,导致活塞撕裂。

①劣质润滑油随活塞环往复运动的泵油作用进入气环与环槽的空间,润滑油中的沉淀物沉积在活塞环上,柴油燃烧产生的高温气体使其炭化附着在环槽内,加大了活塞环的背压,影响了活塞环在气缸套内的伸缩,使活塞环槽与活塞环“天地面”磨损加快。

②活塞环“天地面”的“燕尾榫”状磨损,会导致活塞环随活塞往复运动时在环槽内上下摇摆,这样就产生了一种制动力,严重时会使活塞卡死在气缸套内,导致活塞从销孔或裙部撕裂,而连杆仍随着曲轴继续运动,撞坏机体。

(4)由于所使用的润滑油在高温、高速状态下产生漆片状油垢,使铜套与活塞销抱死,从而降低甚至消除了油膜润滑作用,加大旋转扭力,并将此力转移到铜套外圆,导致铜套外圆面与连杆小端孔内壁相互摩擦,产生“外刷圈”现象。连杆铜套的“外刷圈”现象导致铜套在连杆小端孔内产生移位，使连杆铜套油孔与连杆小端油孔错位甚至堵塞油孔，从而影响润滑油的过油量，进一步减少连杆铜套与活塞销的润滑，致使连杆铜套和活塞销不断受到曲轴和活塞往复运动的冲击力，导致连杆铜套破损。

三、事故总结

除使用劣质润滑油是这次机损事故的主要原因外，机舱工作人员在其使用过程中考虑不周、检查不细、判断能力低及经验不足也是原因之一，所以要认真吸取这次事故中的教训。

(1)润滑油的质量对于船舶机械设备的安全运转起着重要作用，因此在更换润滑油的时候一定要严格把好质量关，从源头上保证设备的安全运转。

(2)在设备运转过程中，不能只注重观察仪表指示，而应从各方面详细了解柴油机的状态，对各种事故隐患及早判断，尽早解决，确保设备安全运转。

(3)由于目前对经济效益的片面追求，船舶设备带病运转，使用有质量问题的燃油、润滑油、液压油及设备备件的现象较为普遍，因此更应该加强有针对性的巡视和检查，争取及时发现事故隐患，减少事故损失。

案例二　某船润滑油脏污导致主机抱轴事故

某船系 1983 年由德国建造的总载质量 10 544 t 的集装箱船舶。船上装有一台额定功率为 8 000 kW 的主机。主机型号规格如下：型号为 8M601；气缸数为 8；缸径为 580 mm；曲轴结构为整体锻造；冲程为 600 mm；曲柄销颈直径为 410 mm；工作循环为 4 冲程；机架为组合式；气缸排列为直列式；额定转速为 425 r/min。

一、事故经过

某年 12 月该船于北方某船厂修理，在修船期间，船厂对主机 8 只气缸进行吊缸检修。主机检修后按试车大纲进行试车，没有发现问题。全部厂修工程完工后，船舶自船厂移泊到港区码头装货，船舶航行不到 4 h。船舶在靠近码头时，轮机长发现主机润滑油压力下降，同时大管轮听到主机 4~6 号缸附近、位于主机机架下方有异常响声，在通知驾驶台紧急停车的过程中，主机曲轴箱内突然发生爆炸，主机自动停车。

轮机员到现场检查情况时发现，机舱内烟气浓度很大，能见度较低。经初步检查发现，主机 4 号缸曲轴箱道门弹出（道门弹出时伴有火球喷出），打在对面润滑油分油机的控制面板上，主机机架上 8 只防爆门均开启，主机曲轴箱里的润滑油飞溅到润滑油分油机面板及周围设备上。轮机员试图对主机盘车，没有成功。打开曲轴箱道门检查发现曲轴箱内有大量脱落的轴瓦合金，拆检主机润滑油滤器时发现滤芯里也有大量金属碎屑。船员和船厂人员连夜拆检主机，发现 4~6 号缸处的曲柄销已磨出沟痕，损坏较为严重，表面熔融着轴瓦金属，连杆大端轴瓦拉毛、烧熔。双方都鉴定为主机抱轴事故。事故发生后，船舶所有人另委托南方某民营公司对主机曲轴进行修理。该公司的技术人员首先对4~6号缸的曲柄销进行无损探伤和检测，然后手工修磨4号和5号缸曲柄销，而对6号缸曲柄销只进行简单抛光处理，3根连杆大端重新镗孔，配了新的加厚瓦，但船方未收到无损探伤和检测记录及修理工艺报告。主机修复后，船舶所有人亦进行周密安排，更换主机的系统润滑油，由轮机长操纵主机重新试车。主机运行大约2 min后，曲轴箱出现油雾浓度高报警，轮机长立即停掉主机。经过大约15 min的冷却后，打开曲轴箱检查发现6号缸连杆大端抱瓦，在连杆解体后，对曲轴进行磁粉探伤，发现6号缸曲柄销表面有一道从船首到船尾的轴向直线裂纹，6号缸连杆大端轴瓦表面镀层及瓦背严重烧损。使用探伤仪器探伤后发现裂纹最深处达9.3 mm，其他大部分裂纹深度为4~5 mm。2次抱轴后，船舶所有人委托高登公司修理主机曲轴，在修复过程中发现6号缸曲柄销裂纹太深，已不具备可维修性，只能更换曲轴。

二、事故原因

众所周知，柴油机在运行过程中，曲轴箱内充满油气，但这种油气不一定处于可爆燃的条件范围内，即使达到可燃的条件范围内，如果不存在高温热点，也不会发生爆炸。该主机曲轴箱之所以发生爆炸，就是因为4~6号缸曲柄销部位产生了高温热点或因其造成的后果（如灼热的金属块脱落）提供了必要热量，大大超过油气的闪点触发油气爆燃，将机体上8个防爆门都顶开，所幸此次事故未造成人员伤亡。

(1)该船进厂前1个月曾对主机系统润滑油进行化验，化验分析结果是黏度偏大。供油商建议更换部分变质的润滑油，以改善整个系统润滑油的物理性能，用以提高主机的运转指标。但船舶所有人未采纳供油商的意见。

(2)该船前任大管轮为了减少清洗主机润滑油双联滤器的频率，擅自抽出 10 根主机润滑油双联滤器的滤芯，以减少滤器前后的压差。在试车前船员也未装好上述 10 根滤芯。这就为含有各种有害杂质的润滑油进入主机润滑系统开了绿灯。

(3)主机吊缸结束后又未按常规进行系统润滑油净化和分离处理(吊缸过程中，曲轴箱势必会残留污物污染系统润滑油)，而是仅清洗了主机润滑系统进机滤器，主机润滑油泵进出口的 2 道润滑油滤器均没有清洗过。上述几点，均会影响楔形油膜的形成，使润滑效果下降，造成主机相对运动部件(连杆轴瓦和曲柄销)某些点、面产生干摩擦而随之扩大，致使 4~6 号缸曲柄销部位产生高温热点，迅速将高温散播至周围并大于曲轴箱里油气的闪点，导致曲轴箱里的油气爆燃。

三、事故总结

综上所述，第 1 次事故是由于系统润滑油黏度超出许可范围加之油路脏堵造成的。从现象上看，事故为系统润滑油脏堵使然，但问题的实质是船舶设备管理不善，相关人员有章不循。如果吊缸后，彻底分离润滑油，全面清洗润滑油滤器，此次事故是完全可以避免的。

案例三 某船润滑油变质导致主机停车事故

某船主机润滑油在短时间内严重变质，机油滤器内壁油泥过多严重堵塞，机油黏度明显增大，经常导致主机失速停车事故。

一、事故分析

（1）从该事故航次的前2个航次开始，润滑油分油机经常跑油，有时甚至一个班跑几次油，这主要是油泥过多所致。针对这一情况，应及早对油进行化验，并采取相应的处理措施。

（2）该船机油分油机有2个通道，一路直接从润滑油循环柜吸入，另一路与机油泵出油管相通。在正常情况下，机油分油机直接从循环柜中吸油分离净化排至循环柜。但该管路堵塞失修多时，未及时疏通，在启用分油机时，必须先开润滑油泵，这样造成经过机油泵后，润滑油中部分水使机油乳化，分油机净油效果差。同时，靠港期间启用起货机装卸货物，考虑到电力不足，机油分油机基本上停用，结果难以将润滑油中的水分、杂质分离出去。

（3）分油机分油温度偏高，一般控制在65℃以上，为提高分离质量有时甚至高达80℃，这样加快了润滑油变质的速度。

（4）换油时，准备时间仓促，未将全部油脚挖走并清洗循环柜，正是这些氧化物（油泥），使润滑油变质速度大大加快。

二、润滑油变质管理对策

由于上述原因，完全阻止润滑油氧化是不可能的，但其氧化变质的速度可以减慢，这与管理方法恰当与否有着很大关系。在使用润滑油时，除对润滑油进行一般的常规管理外，另有以下 2 点必须引起注意。

(1)加强净化处理，提高净化效果。发动机在运转过程中，必须经常、连续地对系统油进行净化处理。分油机吸入泵由循环柜的底部不停地将润滑油抽出，经分油机分离后再由输油泵打回循环油柜。分油温度要严格控制，力求既使分油机净油效果好，又不致于油温太高而使机油氧化速度变快，且主机停车后仍要分滤较长一段时间。在停港且时间充裕的情况下，可根据油质情况定期对系统中的润滑油进行成批处理。所谓成批处理，就是当柴油机不运转时，润滑油泵将循环油柜的油全部输入润滑油柜，用蒸气加热润滑油柜中的污油，使油温保持在 60℃左右，沉淀 24 h，定时地放去水分和泥渣，再用分油机在尽可能小的流量下分离润滑油柜中的润滑油，然后输回循环油柜，这样能确保润滑油的彻底净化。

(2)定期化验油品。对主机润滑油定期进行化验，一方面可以了解润滑油的情况是否良好，发现问题及时采取措施；另一方面，以油的情况为线索还可以发现柴油机存在的问题并加以解决。为此轮机员应建立润滑油化验记录簿，记录润滑油牌号，各项性能指标，每次化验的日期、数据、运转时间，补油日期、数量、规格，换油日期、数量及采取的措施等，以便研究对照，作出分析判断，从而采取有效措施。

三、事故总结

在轮机管理中，应注重润滑油的品质变化，变质润滑油会使发动机产生严重的故障。管理中应根据润滑油变质机理，采取正确的管理措施，以延长润滑油的使用时间。

案例四 某船使用假冒润滑油导致主机烧瓦事故

某客运公司购买了一批假冒机油，使用不久就有6台发动机陆续发生主机烧瓦事故，轻的瓦面烧伤，重的抱轴烧毁。拆检发现机油滤清器淤塞严重，油箱底壳及油道拐弯等处沉积有大量油泥。

一、事故分析

所用假冒机油（简称假油）与适用机油（简称真油）的油样分析对比表明，虽然2种油都具有适宜的黏度和良好的黏温性能，但超声波剪切作用引起的假油黏度下降达28%。当假油通过轴承和气缸等高剪切部位时，机油中的高分子物质在剪切力作用下很容易发生裂解，变成低分子量物质，导致油品黏度下降和油膜强度降低；而真油的黏度下降率只有10%，抗剪切能力强，即使在苛刻条件下使用，也能保证足够的油膜强度。此外，假油的碱值很低，油中清净分散剂的加入量很少，清净分散能力差，不能抑制沉积物生成。假油中钙、镁、锌和磷元素的含量比真油低得多，说明假油中不但清净分散剂少，而且抗氧抗磨剂的加入量也很少。

烧瓦的主要原因是机油供应不足且品质不佳，轴瓦产生干摩擦引起高温，使瓦面上的合金熔化。这批假冒机油，不但油膜强度不足，而且容易变质形成漆膜和油泥等沉积物，堵塞机油滤清器和油道，影响正常供油，导致烧瓦。

二、事故总结

劣质机油的危害性很大。一是油性、润滑性等不佳，会缩短发动机使用寿命；二是适用机油能防止金属泥在发动机内部特别是活塞附近形成，并能把炭和金属泥溶解在机油中，减缓机油劣化，劣质机油却缺乏这种性能；三是劣质机油的黏胶和积炭易使活塞油环卡死，烧机油，造成发动机大修；四是适用机油能相对节省燃油，劣质机油却相反。因此要高度重视机油的优劣，正确选用润滑油。

案例五 某船主机润滑油乳化事故

某船于5:30在上海港备车,检查主机润滑油等各项指标均正常;船舶7:00开航,9:00出吴淞口,航行正常,主机所有运行参数正常;10:30时,巡回检查发现主机润滑油乳化变质,油尺上的润滑油呈灰白色,但主机各项运行参数正常,曲拐箱润滑油油位无明显变化,膨胀水箱水位无明显变化。找到故障原因之前,先开启分油机净化润滑油。

一、事故分析

润滑油乳化主要是海水或淡水进入润滑油中,再经过润滑油泵搅拌所致。此外,润滑油中溶解的空气以及经润滑油泵搅拌产生的大型、小型乃至极细小的胶态状泡沫悬浮于润滑油中,更增加了润滑油的乳化程度。润滑油乳化,会影响润滑油的性能,腐蚀金属表面,加剧部件磨损,同时还会促进润滑油氧化变质。若不及时找出水分来源并消除,乳化加剧将造成严重机损事故。该船主机润滑油进水的可能途径包括:润滑油冷却器泄漏;缸套泄漏;喷油嘴(水冷)衬套泄漏;高位油箱内蒸汽加热管泄漏;机舱舱底污水沿曲轴漏入曲拐箱(该船曲轴位置较低且船龄达25年,漏水处多,舱底污水多);润滑油管烂穿,停机时机舱污水进入润滑油管。

二、故障排除

(1)润滑油冷却器检查。按柴油机设计,主机运转时,润滑油压力始终高于海水压力,海水不可能漏入润滑油中;但主机停车时,若冷却器泄漏,海水可借助自然压力进入润滑油。通过泵压检查润滑油冷却器,润滑油腔泵压至0.6 MPa,海水腔未见有润滑油泄漏,说明冷却器正常。

（2）缸套泄漏检查。淡水膨胀，水箱水位必然下降，但该机淡水泵一直泄漏，航行中当值人员经常补水，无法定量分析，只好启动淡水泵，打开各缸道门，盘车逐缸检查缸套和活塞，未发现漏水。

（3）喷油嘴（水冷）衬套泄漏检查。主机停车后，静待一段时间，然后用压缩空气冲车，观察各缸示功阀，未发现有水汽喷出。

（4）翻开机舱花铁板，认真仔细地检查每一处润滑油管路，也未发现有泄漏现象。

（5）高位油箱内蒸汽管泄漏检查。起初以为，当时天气炎热，高位油箱加热已经停用好几个航次，加热蒸汽阀和回汽阀均处于关闭状态，不可能有水渗漏进去，未予考虑。直到找不到其他原因，再回忆备车和航行时的一些细节，才注意到备车时主机润滑油温度高达50℃，即使正值高温季节，也是不正常现象。随即打开高位油箱道门，发现里面加热蒸汽管有一部位正在向外冒蒸汽。拆检确认故障原因为：高位油箱加热的回汽阀正常，蒸汽阀阀面锈蚀关闭不严，加热盘管内始终存在蒸汽，加热盘管烂穿一直径约 4 mm 的孔导致泄漏。

三、纠正措施

（1）港外临时处置：①高位油箱加热蒸汽阀和回汽阀，用盲板闷死，断绝蒸汽来源；②高位油箱放残水；③分油机继续净化润滑油，待油质基本正常后，补充部分清洁润滑油。

（2）抵港后修理。

四、事故总结

润滑系统中进入水分会导致润滑油乳化，润滑油膜难以形成，添加剂失效，润滑性能下降。如不及时发现，会对机器造成严重损坏。发现润滑油乳化，除开启分油机分油外，还应根据润滑油系统的结构原理，对可能的泄漏点逐一检测确认，及时排除故障。

案例六　某船四冲程主机曲轴及主轴承烧损事故

某船的主机是 MAN 7L 52/55A 四冲程柴油机，输出功率为 5 425 kW，额定转速为 450 r/min，由日本川崎重工设计制造。主机通过减速比为 1：3.36 的减速齿轮箱驱动调距桨及轴带发电机。2008 年某日 22:00 驾驶台通知备车离港，22:20 冲车后动车，22:40 提高到额定转速后转到驾控，运转几分钟后，主机 4 号主轴承突然高温报警，不能判断是否为异常报警，到机旁发现曲轴输出端有大量浓烟窜出，立即转到机控，降速停车。停车后立即进行抢修，打开机体两端道门，发现曲轴箱内有大量金属粉末和碎片，判定是 4 号主轴承故障。向公司汇报后，开始拆卸 4 号主轴承。拆下 4 号主轴承上瓦和下瓦后，发现主轴承上下瓦均严重烧损，合金层几乎全部脱落，主轴颈有多处拉痕，表面沾有大量轴承合金，两侧因发热成褐色。因轴颈严重烧损，船上无法自修，只能等专业厂家进行检查修理。

一、事故分析

该船是 1981 年投入营运的，自营运以来，主机曲轴曾发生过多次事故。20 世纪 90 年代，发生过 3 起曲柄销烧损故障。2004 年，主机 4 号主轴颈及轴瓦烧损，结果 4 号主轴颈磨掉 1 mm。由于船舶多次易手，前几次的曲轴故障没有可参考的事故报告。时隔 4 年后，再次发生曲轴故障。综合磨轴公司技术人员的检查、船员的自检及主机的状况，经过分析，事故发生有如下原因。

（1）曲轴轴线不正。磨轴公司技术人员测量了几道主轴颈跳动量，船员在拆检各道主轴承时也测量了轴颈跳动量，其中 2，3，4 和

6 号主轴颈都超过 0.05 mm,2 和 3 号轴颈跳动量严重超标。据磨轴人员介绍,该船 2004 年也是由其进行磨轴的(由于该船 2007 年由现在的船舶所有人购入,因此并不了解当时的情况),当时检查测量时发现 2 和 3 号主轴颈跳动量过大,曾向当时的船舶所有人建议进行抽轴校正,但因费用过高船舶所有人没有采纳,可以说该船主机一直是带病运行的。曲轴跳动量过大,意味着轴颈在轴承中偏心,曲轴在运转过程中与主轴承间隙时大时小,破坏轴承间的动力润滑,而且轴承负荷不均。在拆检主轴承时,发现 2 号主轴承上瓦见铜。安装主轴承时,测量下瓦剖面左右两侧距离轴颈间隙,发现几道跳动量的主轴颈主轴承左右间隙不等,甚至主轴颈转到一定角度时间隙为 0,这些都是轴颈跳动量过大的例证和恶果。3 号主轴承因故障不能进行准确测量,但毫无疑问,轴线不正是 3 号主轴颈和轴承烧损的一大因素。

(2)润滑油不干净。在拆检各道主轴承和曲柄销轴承时,发现几道轴颈和轴承周向出现不同程度的拉痕,虽然不很严重,但明显看出原因是硬质颗粒进入到轴颈轴承中。事故发生 20 天前由 BP 公司人员上船取样化验,化验显示主机系统油理化性能各项指标均正常。经事后检查发现,硬质颗粒可能是由破损的润滑油滤芯进入到主机的,润滑油进机细滤器及润滑油自清滤器柱形滤芯有几根出现滤网开裂、破损现象。主机润滑油系统有 2 道细滤器,从油泵出来的压力油先经过润滑油自清滤器,再经过润滑油进机细滤器,这 2 种滤器都采用柱形滤芯。长期以来,进机细滤器每天清洗 1 次,自清滤器大概每 7 天拆洗 1 次。这样频繁地清洗滤器,导致滤芯破损,同时又疏于检查,硬质颗粒也可能是在清洗滤芯时进入系统的。

(3)主轴承状态不佳。主轴承使用时间都已超过 20 000 h,按要求应该进行拆检,但由于船期比较紧,一直没有进行检查。事故后,为了解其他主轴承状态,都进行了拆检,结果发现主轴承状态不佳。其中4号主轴承下瓦80%面积见铜，有纵向拉痕，轴颈也出现轻微拉痕；2号主轴承下瓦50%面积见铜，有纵向拉痕，上瓦也有磨损，小部分见铜；3号主轴承因破损无法得知故障前的状态，但从拆检的其他几道主轴承看，也极有可能过度磨损。

二、事故处理

事故发生后，新加坡高登公司技术人员登船进行检查。测量3号主轴颈跳动量并进行硬度测量及磁力探伤，同时测量1,2和4号主轴颈跳动量。结果2号主轴颈跳动量最大处为0.28 mm；1号主轴颈跳动量正常；4号主轴颈跳动量为0.08 mm；3号主轴颈跳动量为0.10 mm，轴颈表面有40 mm×50 mm面积硬度过大，表面不存在裂纹。由于2号主轴颈跳动量过大，轴颈直径需要磨掉1 mm，3号主轴颈可能要磨掉1~2 mm，以消除硬度、减小跳动量。方案定下来后，先由船上人员将1~3号缸活塞吊出，其余4个缸活塞用专用工具顶升，然后由磨轴人员安装气动磨轴工具，用盘车机一边盘车一边空转磨轴。最终，3号主轴颈直径磨掉2 mm，2号主轴颈直径磨掉1 mm，安装加厚瓦装复。后经试车，正常。此次事故前后历时约20天，停航及修理费用损失近50万元。

三、事故总结

此次曲轴故障事故损失惨重，教训深刻。事故起因一方面是曲轴长期带病运行，另一方面是对润滑油系统和轴承管理不善。为了防止发生类似事故，须注意以下事项。

（1）公司机务主管须制订有针对性的管理方案。该船是公司购入的二手船，目前营运不到1年，于1980年由台湾中华船厂建造，船龄比较大，主机曲轴多处受伤。公司机务针对这种情况，仅强调主机不能超负荷，排温不能超过470℃，没有其他对应技术措施。轮机管理人员往往缺乏对曲轴及主轴承的管理经验，加之集装箱船航期紧张，未能针对性地进行保养。公司机务需要制订针对曲轴及轴承的管理方案，利用轮机长、大管轮接班前的体系培训机会予以重点培训，并在以后的工作中进行指导监督，保证维护保养工作能够落实。

（2）润滑油系统的管理。四冲程主机润滑油易受污染，保证润滑油的清净性、减少润滑油的消耗是日常管理的一大重点。为此，需要注意以下几点：①润滑油循环柜中的油量应保持一定数量，循环倍率保持在15~18（即润滑油泵的排量除以油柜油量等于15~18）。润滑油分油机要保持连续工作，只有在维修保养时才停止工作。分油机加热油温控制在要求的合适温度，不能过低。分离流量不要太高，控制在分油机额定流量的25%~30%。②注意润滑油自清滤器的自动清洗工作次数，如工作次数增多，说明润滑油质量恶化，要查找原因，并予以排除。拆洗润滑油滤器时，主管轮机员最好在场检查滤芯内是否有金属颗粒或粉末，滤芯如有破损，必须马上更换。③润滑油消耗如增加异常，原因多是活塞环故障或缸套磨损量增大。吊缸时，一定要准确测量缸套内径，缸套磨损到一定程度时要换新，不要到磨损极限时再换新。由于缸套磨损到一定值后，虽然按照说明书理论上可以继续使用，但活塞缸套间隙变大，导致燃烧产物漏入曲拐箱的概率增加，润滑油消耗增加，污染加重，严重时会引起轴瓦异常磨损、烧瓦。④适当缩短润滑油化验时间，当润滑油受到严重污染、一时又查找不到原因时，应及时检查。

（3）曲拐箱的监控。定期打开曲拐箱，检查油流情况以及是否存在金属屑。对曲拐箱油雾浓度检测装置及主轴承温度监测装置加强维护保养，保证功能正常，警报及主机降速连锁有效。

（4）曲轴及主轴承的检查。定期测量主轴承间隙及下瓦磨损量，测量轴承间隙时注意从前后两端测量。定期测量曲轴拐档差。适当缩短主轴承拆检周期，拆检时注意拍照存档，在拆检主轴承时，要检查轴颈跳动量及下瓦剖分面处与轴颈两侧间隙，做到心中有数。总之只有在管理上狠下功夫，才能避免类似恶性事故的发生。

案例七 某船冷库冷凝压缩机组连杆断裂事故

某船配备有一套以 R404A 为制冷工质的 BHL-7 型船用组装式冷藏装置，该装置有 2 套冷凝压缩机组，一般情况下一用一备。主要用途为肉库和菜库，最低库温可分别保持在（15±2）℃和（6±2）℃。压缩机型号 HGX34P/380-4，为四缸半封闭活塞式，BOCK公司制造，转速 1 450 r/min，制冷量 6.7 kW，冷凝温度 50℃，蒸发温度−25℃，消耗功率 5 kW，电源 380 V/50 Hz，冷冻机油牌号 FUCHS RENISO TRITONSE55。

维修部门巡检时发现 1 号压缩机出现超温报警现象，用激光测温仪测得机身温度高达 200℃，并伴有异常响声，同时发现肉库和菜库温度基本上无制冷效果，立即停机并切换到 2 号机组。解体检修 1 号压缩机，发现冷冻机油（制冷压缩机的润滑油亦称为冷冻机油）颜色发黑，几乎没有黏性。润滑油过滤器很脏，阀板上、下垫片被冲破，高、低压窜气。一套活塞连杆卡死在气缸中，其中活塞有些许划痕，连杆大头从杆身连接直角处断裂。

一、事故分析

解体压缩机取出曲轴时发现，与断裂连杆大头瓦配合的曲轴上的一个油孔堵死。结合断裂的连杆大头内表面有非常明显的偏磨划痕可以判断，由于油孔堵塞导致连杆大头瓦摩擦副得不到润滑，在持续运转条件下，连杆受到热交变负荷作用，最后发生断裂。

（一）人为因素

人为因素主要是指设备维护不到位以及操作不当等。BOCK

压缩机日常维护保养不及时、不到位，是造成此次连杆断裂事故的主要原因。

维修手册上明确规定：换油周期为首次运转 100~200 h，其后每隔 12 个月；换油的同时，要清洗润滑油进口过滤器。然而，该机组先在陆地码头闲置了 1 年，2008 年 8 月才开始正常运转。在陆地调试期间就没有换过冷冻机油，在海上一直运转到发生事故，累计工作时间达 1 500 h。

据调查，船舶轮机部门维保意识不强，认为压缩机是进口货（德国 BOCK），应该很耐用。殊不知，机器都有磨合期，在试运转期间尤其要注意维护保养。解体时排掉的润滑油颜色非常黑，几乎没什么黏性，说明已经失效，早就该更换了。而且，润滑油过滤器从来没有清洗过，滤芯已经严重脏堵。

另外，该套压缩机组的完工资料迟迟没有交到生产、维修人员手中，给维修工作带来障碍。经调查才知，厂家为了垄断售后维修服务市场，以压缩机是制冷系统核心设备需要保密为由，没有向设备使用方提供详细的完工资料（包括维修手册）。这说明，在业主、承包商、生产方和厂家等四方的沟通上存在问题，没有就项目设备完工资料交接这一重要环节达成协议，从而给后续维修带来不便，埋下故障隐患。

（二）设备自身因素

如果从设计、制造、使用、报废等 4 个阶段对设备进行全寿命周期管理的话，设计和制造缺陷无疑是设备发生故障的根源。连杆大头断裂处发生严重的应力集中现象。一个断口齐刷刷折断，另一个断口则明显撕裂，这说明设计选材可能不合适，该连杆用的铝型材强度不达标。其次，加工连杆时，大头与连杆杆身连接处过渡不好，容易产生应力集中，说明制造有缺陷。再者，断裂的连杆大头瓦内表面磨蚀严重，几乎成胶着状态。可以推断，连杆大头瓦装配间隙过小，导致磨损、发热剧烈，加之润滑效果不好，最终发生疲劳、破坏性断裂。

(三)设备工作环境因素

船舶所处的海上环境潮湿、盐分大,这使设备正常运转的可靠性大大降低。制冷四大关键设备之一的冷凝器容易脏堵、腐蚀,散热效果很差,必须经常清洗,否则压缩机排气温度很容易升高,从而使润滑油品质恶化或者破坏阀片。在日常运行过程中,这类压缩机的油温一般在 10~60℃之间,而润滑油的油温小于 40℃和大于 50℃时,油质将发生变化。油温小于 40℃时,油黏度过大,机械摩擦阻力加大,同时易产生大量积炭,可能导致设备在高温条件下发生燃烧或爆炸;油温大于 50℃时,油易氧化、黏度降低或变质,润滑效果不佳,使设备寿命缩短。因此,为减少设备事故,油温必须控制在 40~50℃。

解体时发现,进排气阀片都已严重变形,而且上下阀板密封垫片皆被冲破,造成高低腔窜气,说明排气温度很高。另外,肉库和菜库内的海鲜、肉类、蔬菜等含有大量水分,造成蒸发器结霜严重,使得制冷剂不能充分汽化,压缩机负荷加重也进一步恶化了连杆等运动部件的工作条件。

二、事故处理

(一)做好更换连杆前的准备工作

首先,用冷冻机油清洗阀板、机油过滤芯、齿轮油泵、机体内腔以及其他零部件。接着,调整进排气阀片间隙,修复变形或更换新的阀片。重新选用耐高温的橡胶石棉板制作阀板的上下垫片。用什锦锉和金相砂纸轻轻打磨装配连杆的配合表面,同时研磨修复略有划痕的气缸内表面,以保证良好的配合间隙。

(二)更换整套活塞连杆

由于连杆已经断裂,与之配套的活塞也有划痕,所以采取更换整套活塞连杆的措施，以确保机组尽快投入运行。在连杆大头配合处用手电钻钻孔，把堵塞的油孔导通并清洁干净。用冷冻机油把曲轴清洗一遍，将一套新的活塞连杆准备好，放进对应气缸中，当曲轴穿过机体内部时，轻轻转动曲轴，以便套上连杆大头。回装阀板、垫片、缸盖和后端盖、电磁阀等。

（三）建立健全冷库压缩机组的维护保养制度

通过各种渠道联系厂家，索取该套机组的完工资料。随后制定出一套详细的以预防为主，点检、日检、周检、月检、中修、大修相结合的维护保养制度。

（四）预防措施

①按照 1.5：1 的运转原则，严格执行主、备用机组定期切换使用的规定。切换时，先关闭在用机的吸气阀，直至低压停机，回收冰种到贮液器。切换后，要把备用机的曲轴箱加热开关打开，以充分预热润滑油，保证在下次开机时有合适的黏度。②每次启动之前，仔细检查压缩机油位是否正常。③日检。检查压缩机润滑油油位，应在观察镜 1/8~3/8 范围内。润滑油必须清洁、不起泡。④月检。用卤素检漏灯或肥皂水检查制冷系统有无制冷剂泄漏；检查压缩机内润滑油质量情况，如发现润滑油浑浊或有杂质，应更换。⑤年检。检查制冷剂压力表；检查系统是否有泄漏；检查、清洁冷库内部冷凝装置；根据系统制冷情况，检查管线阀门，清洁冷凝器，清洗过滤器，更换干燥过滤器内部的干燥剂；检查压缩机润滑系统的油位，需要时更换润滑油。⑥定期取油样化验，根据分析结果决定最佳换油周期。⑦每隔一周，用振动仪检测压缩机的振动参数，由专业工程师和润滑油液检测师分析并提出合理建议。

三、事故总结

这起事故总体上还是由润滑油润滑不足或者润滑油变质引起的润滑事故。因为人为因素而没能及时发现该设备润滑油已经变质的问题,才导致这起事故的发生。总之,润滑油在船舶上起着举足轻重的作用,我们应该对船舶机械润滑系统设备采取以预防为主、防治结合的措施,才能保证船舶机械设备的正常安全运转。

案例八　某船空气压缩机润滑油选择不当事故

某船采用的空气压缩机是 C95055MX 型离心机，该型号是美国英格索兰公司生产的三缸、三段、三级离心式空气压缩机，三级转子呈正三角形排列布置在增速箱主动轴大齿轮周围。该机组具有转速高（28 000~43 000 r/min）、流量大（额定排气量为 160 m³/min）、压力高（额定排气压力为 0.7 MPa）、工况自动调节（入口节流调节与旁路调节相结合）、自保系统灵敏和运转平稳等优点。

当仪表风压力由 0.4 MPa 提高至 0.6 MPa，该机组的出口压力必须达到 0.65~0.68 MPa 方可满足要求。运行中机组二级振动由 0.48 mil（1 mil = 25.4 μm）突然上升达到高报警（大于 0.85 mil），随后机组联锁自保（1.05 mil）停机；再重新开机，仍出现二级振动高报警信号，只好人工停机。拆检发现：一、二、三级转子轴瓦均存在不同程度的局部烧损现象，二级轴瓦烧损最严重，这是导致二级振动超标联锁自保停机的直接原因。

一、事故原因

经分析知轴瓦局部烧损的原因：初期运行一直未达到满负荷状态，轴承的 pv 值（p 为轴承平均压强；v 为轴颈的圆周速度，即工作表面间的相对滑动速度）不大，轴瓦温升正常，润滑油未炭化变质；3 年后调整到满负荷状态运行，轴承的 pv 值（v 值与轴承的载荷和轴转速成正比）增大，由于轴承的发热量与轴承的负荷数值成正比，所以轴瓦摩擦副表面温度逐渐升高，润滑油的黏度逐渐变小，支承载荷的油膜强度逐渐降低，致使摩擦逐渐增大，摩擦产生的热量又使轴瓦的温度进一步提高，最终润滑油在轴瓦摩擦副表面炭化，造成轴瓦局部烧损。因为压缩机转速较高，所以轴瓦局部烧损后，机组就因振动过大而联锁自保停机，以避免轴瓦进一步烧损。

机组投用时应使用厂家提供的专用合成润滑剂 Techtrol Gold 金技油（属于合成油类型），但因其价格昂贵，改用L-TSA32 汽轮机油（属于矿物油类型）作为润滑油。

普通汽轮机油通常由一定黏度的基础矿物油和适量的添加剂组成，经分析L-TSA32 汽轮机油炭化主要是由以下几方面造成的。

（1）油品热氧化稳定性较差。汽轮机油的基础油是矿物油，它是由多种烃类化合物组成的。烃类化合物包括饱和烃和非饱和烃，饱和烃的化学性质较稳定，而非饱和烃主要是芳香烃，由于它的不饱和性，易被氧化变质，加之油品空气释放性较差，所以当汽轮机油与空气压缩机中的空气接触时，在一定温度和氧的作用下油品氧化脱氢变质。试验表明，常温下油品氧化很慢，但当油温大于50℃时，特别是有催化作用时，油品便以较快的速度氧化脱氢变质。在能催化油品氧化脱氢的金属中，铜是最典型的一个。机组油冷却器的管束是铜质的，而含铜氧化物能加快油品氧化脱氢的速度，随着轴瓦温度的逐渐升高，最后导致油品因氧化脱氢而炭化变质。油品氧化变质，使黏度逐渐增大，流动性变差，同时还会产生沉淀、胶质和沥青质，这些物质沉积在轴承上，恶化散热效果，阻塞油路，增加摩擦磨损，最终造成轴承烧瓦的事故。虽然 L-TSA32 汽轮机油中加入了酚型抗氧化剂，但是由于其氧化寿命短、使用温度范围窄及油品中含硫化合物较多、易氧化等缺陷，使得油品的氧化安定性较差。

（2）油品摩擦因数大，散热性能、黏温性能较差。由于基础油精制深度不高，加之所加添加剂品种少、性能不高，所以普通的汽轮机油摩擦因数较大，散热性能、黏温性能较差。摩擦因数大，产生的摩擦力就会增大，转化的摩擦热就相应增多；散热性能、黏温性能较差，使得润滑油不能及时将高负荷、高转速的压缩机轴瓦摩擦副所产生的热量带走，致使润滑油温逐渐升高，加快润滑油因氧化脱氢而炭化变质的速度。

(3)油品极压抗磨性、耐负荷性较差。该压缩机的随机资料要求压缩机系统的润滑应采用合成润滑剂，该润滑剂应具有独特的氧化稳定性，含有消泡剂，不含无机酸或碱，当与空气和水混合在操作温度下搅拌时，没有永久乳化的趋势，氧化或成渣的趋势最小化。与普通矿物润滑油不同，合成润滑剂是用化工原料通过化学合成的方法制成的。合成润滑剂与矿物润滑油相比具有很多优越性：具有较好的氧化稳定性，黏温性能较好，使用温度范围较宽，黏度指数较高，高负荷下能保持较低的摩擦因数，有较好的抗磨、抗乳化、抗泡沫性，并具有较好的适应性，能适应高负荷、高转速下压缩机润滑的需要，长期使用可以提高设备利用率，降低维修费用。另外，采用合成润滑剂，可大大减少油品炭化变质的概率，保证压缩机安全运行，减少故障发生，延长换油周期。Techtrol Gold 专用合成润滑剂属酯类合成油，酚型和芳胺型抗氧剂的复合使用，使得其氧化稳定性较好。L-TSA32 汽轮机油中含有抗氧化剂、防锈剂、抗泡剂和金属钝化剂等添加剂，而 Techtrol Gold 专用合成润滑剂中还加有抗负荷添加剂(油性剂、抗磨剂和极压剂)、清净分散剂(清净剂和分散剂)等高效添加剂。

针对目前的机组高负荷运行状况，普通矿物润滑油已不适用，压缩机专用合成润滑剂或国产合成润滑剂是最佳选择。

二、事故处理

(1)校核转子动平衡。

(2)更换一、二、三级转子的轴承。

(3)用专用合成润滑剂Techtrol Gold替换L-TSA32 汽轮机油。

检修后重新开机，各级振动正常，并入系统后运行平稳。

三、事故总结

国外引进的压缩机组对润滑油的要求较为苛刻，在选用润滑油时，一定要注意随机资料中对润滑油质量、性能的要求，当普通矿物润滑油不能满足其使用要求时，要选用合成润滑剂。使用合成润滑剂不仅能延长设备的使用寿命，降低能源消耗，而且也能减少设备停机维修次数及维护费用，降低机组的运行成本，确保机组“安、稳、长、满、优”运行。从此案例中可知润滑油的重要性以及要根据实际情况选择合适的润滑油牌号。

参考文献

[1] 魏海军,马玉莉,王宏志,等. 船用润滑油的使用与管理[M]. 大连:大连海事大学出版社,2006.
[2] 王先会. 车辆与船舶润滑油脂应用技术[M]. 北京:中国石化出版社,2005.
[3] 詹玉龙. 轮机长业务[M]. 北京:人民交通出版社,2007.
[4] 张景河. 现代润滑油与燃料添加剂[M]. 北京:中国石化出版社,1992.
[5] 汪德涛. 润滑技术手册[M]. 北京:机械工业出版社,1998.
[6] 薛海龙. 重油的理化特性及其对船用柴油机运行管理的影响[J]. 南通航运职业技术学院学报, 2006, 5(3):50-53.
[7] 关子杰. 润滑油与设备故障诊断技术[M]. 2 版. 北京:中国石化出版社,2007.
[8] 许乐平,詹玉龙. 船舶动力装置技术管理[M]. 大连:大连海事大学出版社,2006.
[9] 王巧玲, 侯育闯. 船用中速机油使用性能的评定方法[J]. 润滑与密封,2009(10):65-68.
[10] 魏海军,孙培廷. 船用润滑油的选用[J]. 世界海运,2003,26(3):53-54.
[11] 王海峰,黎克芬,孙 竞. 船用柴油机油的选用及使用案例分析[J]. 交通节能与环保,2010(1):2-4.
[12] 杨保成,方应明. 发动机润滑油老化及检测方法[J]. 大学物理实验,2001,14(3):42-44.
[13] 蒋元星. 润滑油监测技术及其在船上的应用[J]. 润滑与密封,2005(4):193-195.

[14] 仉大志. TY 轮四冲程主机曲轴及主轴承烧损事故分析[J]. 中国修船,2010,23(2):23-25.

[15] 杨继谦. 8M601 型船舶主机抱轴事故分析[J]. 中国修船,2010,23(3):11-12.

[16] 孙祖锋,王根继. 某轮主机缸套异常磨粒磨损及原因分析[J]. 中国修船,2010,23(5):12-13.

[17] 陈　浩. 某船发电原动机撞缸事故的分析[J]. 中国修船,2006,19(S):85-86.

[18] 熊　云,李晓东,许世海. 油品应用及管理[M]. 北京:中国石化出版社,2005.

[19] 吴晓光. 轮机概论[M]. 大连:大连海事大学出版社,2008.